U0512561

人口老龄化与经济社会转型研究

Research on the aging of population and economic and social transformation

我国政府
购买居家养老服务
问题研究

徐先梅 著

The Study of Government Purchasing Home-base Care
for Elderly in China

中国财经出版传媒集团

经济科学出版社
Economic Science Press

图书在版编目（CIP）数据

我国政府购买居家养老服务问题研究/徐先梅著.
—北京：经济科学出版社，2021.3
（人口老龄化与经济社会转型研究）
ISBN 978 – 7 – 5218 – 2442 – 1

Ⅰ.①我…　Ⅱ.①徐…　Ⅲ.①养老 – 社区服务 – 政府
采购制度 – 研究 – 中国　Ⅳ.①D669.6

中国版本图书馆 CIP 数据核字（2021）第 047340 号

责任编辑：于海汛　冯　蓉
责任校对：李　建
责任印制：范　艳

我国政府购买居家养老服务问题研究
徐先梅　著
经济科学出版社出版、发行　新华书店经销
社址：北京市海淀区阜成路甲 28 号　邮编：100142
编辑部电话：010 – 88191348　发行部电话：010 – 88191522
网址：www. esp. com. cn
电子邮箱：esp@ esp. com. cn
天猫网店：经济科学出版社旗舰店
网址：http://jjkxcbs. tmall. com
北京密兴印刷有限公司印装
710×1000　16 开　8 印张　150000 字
2021 年 12 月第 1 版　2021 年 12 月第 1 次印刷
ISBN 978 – 7 – 5218 – 2442 – 1　定价：36.00 元
（图书出现印装问题，本社负责调换。电话：010 – 88191510）
（版权所有　侵权必究　打击盗版　举报热线：010 – 88191661
QQ：2242791300　营销中心电话：010 – 88191537
电子邮箱：dbts@ esp. com. cn）

前　　言

　　联合国发布的《世界人口展望》2017 年修订版报告中的数据显示，截至 2017 年，我国 60 岁以上人口占总人口 16%。国家统计局最新统计，截至 2018 年年末，全国 60 岁以上老年人口达 2.49 亿人，占总人口的比重达到 17.85%，老龄化程度在不断加深。同时中国还面临其他国家从未遇到的两个难题，一是人口基数大，60 岁以上老年人口已超过 2.4 亿人，居全世界之最；二是 "4 - 2 - 1" 的家庭结构使得老年照护问题更加严峻。

　　20 世纪八九十年代，我国的养老体系以事业单位性质的养老机构为主体，重建设轻服务，比如敬老院，政府相关部门负责养老机构的全部权责，从运营、基础设施建设、场地等方面，均体现财政资金的 "大包大揽" 模式，但这种模式与现在的养老趋势不相符合，人民群众日益增长的养老需求与财政资金投入的捉襟见肘不相适应，不改变以往的 "大包大揽" 模式，养老财政资金将承受较大的支出压力，满足不了人民群众的养老需求，所以政府购买养老服务应运而生。

　　与西方养老服务体系发展的 "去机构化" 路径相反，中国养老服务体系发展是以 "去家庭化" 为起点的。居家养老服务模式是政府包办和过度市场化的 "中庸之道"，政府购买居家养老服务实质上是政府部门、市场部门和社会组织等多元参与主体之间关系的重新界定，权责利重新厘清，居家养老服务有效供给需要引入竞争性的激励机制，充分发挥多元参与主体的互补优势。国内学者的研究大多数沿袭着 "谁购买，为谁买，买什么，向谁买，怎么买" 即服务模式等问题的研究思路，对于政府购买居家养老服务财政补贴方式、绩效评价体系构建、财政激励机制设计等深层次问题关注度较低，政府购买居家养老服务的核心要素和实践过程中的复杂性和困难性需要重点研究，这也正是本书主要的研究内容。

　　本书在已有研究基础上，以我国政府购买居家养老服务为研究主题，运用信息经济学、绩效评估理论、福利多元主义和多中心治理等理论基础，探究了我国政府购买居家养老服务的发展现状、存在的问题和深层次原因，从政府购买居家养老服务财政供给机制、政府购买居家养老服务绩效评价体系构建和基于绩效的财政激励方案设计三个方面分别研究了政府购买居家养老服务的激励效应和作用机理，最后得出结论并提出相应的政策建议。

本书的创新点如下：

第一，本书在财政资金补助机制的研究中，从"供给侧"和"需求侧"两方面构建理论模型进行分析，阐述了财政补助方式的作用机理，从理论角度分析政府购买居家养老服务的财政补助机制，具有实践指导意义，同时扩展了政府购买居家养老服务财政补贴的理论研究视角。

第二，在我国政府购买居家养老服务效率实证分析中，首先采用 Pearson 法筛选政府购买居家养老服务投入产出指标体系，然后运用三阶段 DEA 模型剔除外部环境和随机扰动对效率的显著影响，更为全面准确地评估政府购买居家养老服务的供给效率，通过实证分析了各省份、各区域间效率的差异及产生差异的原因，具有一定的现实指导意义。同时，三阶段 DEA 模型有助于扩大政府购买居家养老服务绩效评价的研究领域。

第三，借鉴 OECD 国家的实践和典型做法，结合我国政府购买居家养老服务的功能定位和运营情况，设计了基于绩效的财政激励机制设计（PFIP），从机制上引导省级政府购买居家养老服务各个相关部门形成自我约束机制和自我激励提高的管理意识。PFIP 的设计引入竞争性资金分配机制，使政府购买居家养老服务的研究由结果引向了过程管理，更加注重政府购买居家养老服务的质量提升。

目　录

第一章 导 论

第一节 研究背景及意义

根据 1956 年联合国《人口老龄化及其社会经济后果》确定的划分标准，当一个国家或地区 65 岁及以上老年人口数量占总人口比例超过 7% 时，则意味着这个国家或地区进入老龄化。1982 年维也纳老龄问题世界大会，确定 60 岁及以上老年人口占总人口比例超过 10%，意味着这个国家或地区进入老龄化。2016 年，我国 65 岁及以上老年人占人口比重达 10.85%，老年人口抚养比为 14.96%。国务院第七次全国人口普查最新统计，截至 2020 年年末，全国大陆 60 岁及以上老年人口达 2.59 亿，占总人口的比重达到 18.70%，中国 60 岁以上人口首次超过 0~15 岁的人口。十三五期间，我国人口老龄化程度进一步加深，老龄化趋势一定程度上有所扩大。预计到 2030 年，全国 60 岁以上老年人口将增加到 3.01 亿人左右，其中独居和空巢老年人的比例将达到 90% 左右。由于 20 世纪 70 年代以来独生子女较多，将来"四二一"家庭结构比较普遍，一对夫妻要抚养一个子女、照顾四个老人。目前，第一代独生子女已到中年，父母渐渐变老，传统的家庭养老模式面临现实压力。不同于发达国家，我国人口老龄化进程与新兴工业化城镇化信息化和农业现代化进程相伴随，与家庭小型化空巢化相交织，带来的问题和矛盾更加复杂。养老是家事也是国家大事。

人口老龄化对我国社会保障制度可持续化发展带来了更为严峻的财政挑战。我国人口老龄化进程逐步加快，对我国养老服务制度提出了新的要求，加之基本养老金账户的空转等一系列问题，发展和完善我国政府购买养老服务成为突破养老瓶颈的关键抓手，政府购买养老服务制度如何设计成为重中之重，"钱从哪里来——补贴模式，如何购买——服务模式，如何买的更有效——评估模式，如何让评估影响钱的再次供给——激励模式"，政府购买养老服务四个模式统一设计为政府购买养老服务的制度闭环，从单一的"政府全包"模式发展成为政府部门、社会组织、家庭、个人四位一体的养老服务保障网络，同时，也要警惕政府部门"甩包袱"，政府购买养老服务并不是"不管养老"，而是将有限的财政资金和社会资源相结合，充分和平衡地发展，来满足人民群众日益增长的无限的养老需求。现阶段养老领域的主要矛盾已经转变成为老年人日益增长的美好生活需要和养老服务不平衡不充分的发展之间的矛盾，财政资金的收支约束和巨大的养老需求缺口的"双重压力"，政府购买养老服务无疑提供了一条有效的解决之路，既可以通过财政资金引导培育养老服务机构，充分发展养老服务市场，又可以提高养老财政资金的使用效率，突破制约我国养老事业发展的瓶颈。

来自中国老龄科学研究中心的数据显示，2017年，我国老龄人口达到2.41亿人，较上一年增长超过1000万人。而民政部的数据显示，截至2017年9月，我国注册登记的养老机构2.8万余家，养老床位仅700万张。我国的养老服务供给滞后于日益增长的养老需求。相比于机构养老和家庭养老方式，政府购买居家养老更具优势。原有的家庭养老模式面临巨大压力，家庭结构的变化和劳动力流动性的增强，家庭结构的变化在于随着计划生育政策的严格执行，独生子女增多，家庭结构由原来的"4+N+N"转变为"4+2+1"倒三角形养老模式的形成，家庭主要劳动力的经济压力增加，养老压力也随之增大，劳动力流动性的增强，家庭中劳动力与老人在工作和居住等空间上出现分离，传统的家庭养老模式受到挑战。居家养老服务既承接了原有家庭养老模式的养老观念，又体现了养老机构所呈现的专业化服务，从舆论上更容易被接受。从现有养老观念和养老投入来看，居家养老服务更容易被认可和接受。从财政角度来讲，政府购买居家养老服务充分体现了政府在养老服务领域的"兜底"，提供基本的公共养老服务，养老机构更偏向于市场化，所以大力发展居家养老服务是重点。更能突出养老服务的公共性和公益性。此外，居家养老服务方式可以与社区、社会组织、医疗机构等很多参与主体合作协同，应用场景和内涵更广泛，居家养老方式融合了家庭养老和机构养老的优势，更符合中国实际。

与西方养老服务体系发展的"去机构化"路径相反，中国养老服务体系发展是以"去家庭化"为起点的。居家养老服务模式是政府包办和过度市场化的中庸之道，政府购买居家养老服务实质上是政府部门、市场部门和社会组织等多元参与主体之间关系的重新界定，权责利重新理清，居家养老服务有效供给需要引入竞争性的激励机制，充分发挥多元参与主体的互补优势。国内学者的研究大多数沿袭着"谁购买，为谁买，买什么，向谁买，怎么买"等问题，对于政府购买居家养老服务财政补贴方式、绩效评价体系构建、财政激励机制设计等深层次问题关注度较低，政府购买居家养老服务的核心要素和实践过程中复杂性和困难性需要重点研究，这也正是本书研究的主要内容。

第二节　文献综述

一、国外相关文献综述

（一）政府购买居家养老服务筹资机制

美国、日本等发达国家居家养老服务资金主要源自养老保险金体系，养老保险金体系包括基本养老保险、职业年金、商业保险等，各种资金来源渠道非常多，筹资体系比较健全，中央政府和地方政府财政支出比例明确，此外中央政府通过平衡性的转移支付来支持各地居家养老服务的发展。各国为支持居家养老服务，相继出台了一系列优惠政策。以新加坡为例，新加坡政府为了鼓励和支持居家养老服务，为与老年父母居住的年轻人提供住房补助，优先选择公共租赁住房（Manuel Eskildsen，2009），美国联邦政府为居家照料父母的亲人或子女实施家庭照料者计划，通过个人所得税减免或补贴等措施鼓励居家养老服务，英国、荷兰等国家推出"以房养老"的措施，通过银行等金融机构抵押贷款，提高养老服务的个人资金。在居家养老服务筹资机制研究中，很多国外学者聚焦于长期护理保险制度，该制度在日本、德国等国家已实施多年，取得了显著成效。长期护理保险制度通过政府部门、个人和企业三方共同融资，支持了包括居家养老在内的老年人所需的服务类型，长期护理保险的最终目标在于提供服务而非融资本身，主要分为三类：第一类是自愿性筹资机制，以美国为代表，居民自愿选择是否加入或购买长期护理保险，完全通过市场机制来运行，与美国其他医疗保障计划、居家养老服务项目相比，长期护理保险覆盖面较低（Brown，2009）。第二类是普惠性筹资机制，以瑞典等北欧国家为代表，政府部门通过财政资金向长期护理保险制度提供资金，实行全额补助，中央政府的财政出资比例占到15％，地方政府的财政出资比例占到85％，中央与地方政府的出资占比定期进行协调。此外，中央政府在预算中设立"调整性财政资金"，以保证各地区经济发展和财政收入的稳定性，这类长期护理保险制度是全民覆盖的。第三类是强制性筹资机制，以日本为代表，日本的长期护理保险制度是现收现付制运作的（Mitchell，

2006），它将被保险人分为两类，一类是 65 岁及以上老年人，另一类是 40～64 岁的成年人。具体资金由 50% 的保险费和 50% 的一般税收收入组成。保险费部分中，65 岁及以上老年人（第 1 类）缴纳的保险费占比 40%，40～64 岁的被保险人（第 2 类）缴纳的保险费占比 60%，65 岁及以上老年人（第 1 类）保险费是从各级政府的养老金收入中扣除，40～64 岁的被保险人（第 2 类）保险费来自全国强制性医疗保险等。一般税收收入部分中，中央政府需要出资 50%，其中的 10% 财政资金作为"调整性转移支付"，以平衡各地方政府的财政状况差异，都、道、府、县等一级行政区①出资 25%，市一级的地方政府出资 25%。长期护理保险制度每三年修订一次保险费率，以维持各地方政府的预算平衡。

（二）政府购买居家养老服务模式

在美国、英国等欧美国家，受传统生活习惯的影响，老年人并非像中国、日本等亚洲国家一样，跟子女居住在一起，因此，老年人居住的社区承担了大部分居家养老服务的职能和责任。雪莉（Sherry，2002）研究认为，英国等发达国家在居家养老服务市场化改革过程中存在社交孤立、资源受限等问题，无法满足老年人的养老服务需求。相比养老机构，社区提供的居家养老服务是老年人普遍接受的一种方式。塞弗恩斯（Severns，2004）认为，依托社区为老年人提供居家养老服务，不仅可以通过服务的"外溢性"，让社区周边的老年人也享受到居家养老服务，同时，可以建立联系紧密的"社区网络"，老年人在自己熟悉的居住环境中生活，不需要在养老机构的陌生环境中重新适应，在社区中，还可以充分发挥志愿人员的作用，形成高效运行的居家养老服务网络。斯金纳（Skinner，1984）认为，大部分老年人并不接受机构养老的方式，关键因素在于老年人对于居住地点的依赖性，保守的理念固化了老年人的生活习惯，强制让他们迁移不能起到良好的养老效果，政府为老年人提供的居家养老服务应该从老年人的切实需求出发，统筹利用社会组织、服务企业和志愿组织的力量，政府对这些提供服务的组织予以资金支持，简等人（Jane et al.，2016）通过苏格兰的调研数据发现，不喜欢和拒绝离开熟悉居住地的老年人占比超过 69%，这一点在 65 岁及以上的老年人群体更加普遍，这些老年人认为更偏好政府部门、社区提供的居家养老服务，有 38% 的老年人更希望专业的医疗机构加入居家养老服务中，服务类型更加多样化。以英国和澳大利亚居家养老服务为样本，奥萨瓦（Osawa，2000）认为，综合比较机构养老、居家养老和政府养老计划，居家养老模式应该以社区和

---

① 日本的行政机构划分为中央政府，都、道、府、县等平行的一级行政区和每个都、道、府、县下设若干个市、町（相当于中国的镇）、村。

家庭为核心，政府部门购买居家养老服务应该重点向老年人居住的社区和家庭转移，以各类居家养老服务计划和项目来支持社区开展的居家养老服务，在社区中增加医疗护理中心和第三方评估机构，评估老年人的需求和护理等级，同时，支持家庭成员为老年人提供日常的护理服务，实现各类居家养老服务供给主体的"共赢"。马森和鲍威尔（Marson and Powell，2014）提出老年人的日常护理和个人生活可以通过社区和家庭来提供养老服务，但精神和心理层面的养老服务必须通过专业化的机构，子女或者亲人在这方面的贡献有限，因此，居家养老服务模式不应受到居住地点的限制，而是应该利用福利多元理论模型，来构建政府、社区、企业、服务机构等多主体合作的模式，政府部门在居家养老服务模式中起到重要的保障作用。美国公共服务领域著名学者萨瓦斯（E. S. Savas）在其《民营化与公私部门的伙伴关系》一书中明确提出，公共服务的参与主体分为制度或政策设计者、服务生产者或提供方、消费者，在居家养老服务领域，政府部门可以是政策制定者，也可以扮演生产者或提供者的角色，但考虑到公平和效率相统一的原则，居家养老服务的政策制定者和提供者应分离，政府部门确定居家养老服务的方向和类型，具体的服务供给活动应交由社会组织、企业或者非正式部门去做，以市场机制为纽带，加强各居家养老服务主体的竞争效应，从而提高整个居家养老服务市场的服务供给效率，通过竞争机制，提高居家养老服务质量，体现服务价值，在此过程中，政府部门应该以公共需求为目标，协调好参与主体之间的关系。

（三）政府购买公共服务绩效评价

国外学者对于公共服务绩效评价和指标设计的研究成果较为丰富，世界银行、OECD 等国际组织针对政府部门公共服务领域进行了实践性较强的绩效评价研究。博伊恩（Boyne，2003）认为公共服务的绩效评价除了要考虑产出、结果、服务质量外，应加大公民满意度的权重，更加关注对于弱势群体的扶持和帮助，公共服务绩效评价的最终目标在于保障基本的公共服务，坚守"底线"原则。亚历杭德罗（Alejandro，2010）通过研究马来西亚垃圾处理的公共服务绩效评价，认为一般意义上，公共服务绩效评价更加关注物有所值和财政资金的使用效率上，忽视了享受公共服务的消费者感受，这种绩效评价方式将导致政府部门行为的扭曲，将更多的财政资金投入能取得明显成效的基础设施方面，在较难评价的服务领域，政府投入严重不足，因此，应该更加重视居民的"共同需求"，在公共服务绩效评价领域引入企业的消费者满意度理论。斯蒂恩（Stein，1991）构建了政治经济学的投票机制模型，研究了公共服务绩效评价、居民需求表达和政治选择之间的关系，结果表明，侧重满足辖区选民公共服务需求的绩效指标体系更能反映选民的公共服务偏好，莫纳根（Monagan，1986）也得出了相同的结论。普拉特（Pratt，1993）构建了相关指标体系来评价奥地利政府基础教育公共服务的绩效，在指标体系中，加入了政府部门运行效率的评价指标，结果发展，政府部门工作人员的协调能力和办事效率显著影响了公共服务的供给，此外，政府部门前期的施政方案为辖区选民提供了"较高的"预期，选民期待的公共服务供给结果要略高于政府部门的方案和承诺，因此，公布的绩效评估结果等于或者低于前期承诺，将显著降低辖区内选民的支持率。

在公共服务绩效评价指标方面，杰克逊（Jackson，1993）从合法性、有效性、满意度、信任度、监督机制、反馈响应六个维度构建了公共服务绩效评价指标体系，认为评价政府的指标应加入企业客户反馈指标，保证了公共服务绩效评价体系的完整性和全面性。特罗蒂尔等（Trottier et al.，2008）研究认为，在构建公共服务绩效评价体系的指标选取方面，应该考虑六大影响因素：一是公共部门的责任，如何更好地为居民提供公共服务；二是公共服务的叠加效应或者外溢性，本地区和相邻地区居民享受公共服务的效果，尽管这种外溢性在地理空间上存在递减；三是服务质量改善的方式，如何通过评价进一步增加公共服务的效果；四是公共服务的可行性，公共服务绩效评价存在一定程度的上限，与当地财力、居民文化程度、人口聚集度等因素密切相关，要充分考虑到公共服务上限问题；五是政府部门的效率，政府部门在协调、合作等方面的效率严重影响公共服务评价结果；六是可行性方式，绩效评价普遍受制于环境因素的制约，如何通过科学合理的方式需要数据分析等工具的应用。

在公共服务绩效评价方法和方式上，博答缇和卡明（Brodaty and Cumming，2010）研究了澳大利亚养老服务计划的绩效评价，认为，在评价公共服务绩效过程中，应当引入第三方评估机构，能够更加客观专业地反映政府购买公共服务过程中存在的问题，以问题为导向，提出有针对性的解决方案，这种方式对于较大规模的购买公共服务计划十分有效，对于单一较小规模的购买公共服务计划效果并不明确。

二、国内相关文献综述

（一）政府购买居家养老服务方式

胡宏伟等（2013）在总结大连市、北京市、南京市、青岛市等典型地区居家养老服务经验的基础上，构建了政府部门、社会组织、行业协会、志愿者、社区和老年人六方主体共同参与的购买服务机制，研究认为，政府向社会组织购买居家养老服务的最优模式为竞争性招投标购买模式，该模式需要社会组织体系的培育和建设相对成熟，通过政府主导，提高购买效率。句华等（2015）研究认为，通过政府购买的方式，可以在居家养老服务领域引入竞争机制，在社会组织、企业和志愿组织之间搭建沟通交流合作的桥梁，作为居家养老服务政策的制定者，政府部门应实行多目标制，将居家养老服务购买方式延伸到事业单位改革，进而国家治理的高度，在"向谁购买"的问题上，应该着重考虑公益类的事业单位，未来政府购买居家养老服务有两个方向：一是政府部门向公益类事业单位购买服务；二是公益类事业单位向社会组织购买服务。王海英等（2015）研究认为，虽然各地开展政府购买居家养老服务已经取得了良好的效果，但是在购买模式方面依然存在治理结构不合理、运行机制低效率、老年人需求无法匹配等问题，亟待改善政府购买居家养老服务模式，充分调动社会组织、市场主体两方面的积极性，引导企业参与居家养老服务领域，通过构建相关绩效指标评价体系，保证居家养老服务质量。而对于政府购买居家养老服务方式，李娟（2016）从社会伦理道德出发，认为政府购买亲属照料的居家养老服务有悖于亲情关系的自然扩展，在制定政策时未充分考虑亲情伦理，影响了政府购买服务的执行效率。刘红芹等（2012）以兰州市城关区"虚拟养老院"为例，从管理机制入手，分析了政府购买居家养老服务这一制度安排，在该模式下，政府部门的主要职责在于主导和监督，以网络为依托，吸引居家养老服务机构，服务机构直接为有需求的老年人提供丰富的居家养老产品，政府部门对线下的服务机构开展绩效评估，这种"政府引导、市场推动、各类组织参与"的管理机制为政府购买居家养老服务提供了新模式。丁煜等（2015）基于地方调研数据，运用福利多元主义理论，研究分析了社区居家养老服务模式，认为现阶段我国尚未形成三方协调合作的政府购买社区居家养老服务，政府部门应加强监督手段，防止购买服务过程中的低效率，社区居家养老服务存在"轻家庭、重集体"的现象，应转变购买服务理念，在发展居家养老服务时，适当关注家庭养老的脆弱性，凸显中国传统家庭养老的优势。钟慧澜等（2015）认为，政府部门与社会组织合作形成伙伴关系，以收益分享、风险分担为原则，以购买服务为方式，是完善我国居家养老服务体系的重要途径，在政府购买居家养老服务过程中，各个参与主体面临着政策目标不一致的情况，受外部养老环境的影响，政府购买居家养老服务最终演化成为政府部门主导推动、社会组织被动协同的互惠共生型合作模式，这种模式在实际运行过程中出现社会组织合法性、民营与国有不平等地位、非契约性等问题和困境。张鹏等（2015）将合同治理理论与政府购买居家养老服务相结合，形成耦合机制，对于降低服务成本、提高服务效率、改善服务质量具有重要意义，研究认为，权力寻租、逆向淘汰、监管体系不健全是当前政府购买居家养老服务的重要阻碍，应当增强政府合同治理能力，明确政府购买居家养老服务各参与主体的权责利。

（二）政府购买居家养老服务地方经验

李凤琴、陈泉新（2012）通过梳理总结南京市鼓楼区的居家养老服务模式，分析了南京市鼓楼区在公共财政投入机制、居家养老服务平台网络建设和居家养老服务评价体系设计等方面的先进经验，提出了中国式城市养老的"南京模式"。黄俊辉等（2013）分析了南京市鼓楼区的购买居家养老服务案例，运用三层次分析法在理论上解释了鼓楼区向社会组织购买居家养老服务的治理结构逻辑，研究表明，在制度环境和政府环境一定的情况下，南京市鼓楼区政府向社会组织购买居家养老服务受到外部激励和内生动力两种因素影响。叶嵩（2013）研究分析了北京市海淀区政府购买居家养老服务，认为构建服务标准、提高从业人员素质和加大财政资金使用透明度是当前政府购买居家养老服务急需解决的问题。张瑞霞等（2015）基于南京市三城区的调研数据，深入分析了南京市政府购买居家养老服务的发展现状和典型经验，认为政府购买居家养老服务普遍存在覆盖面小、服务类型有限等问题，提出了相应的政策建议。金丽英（2013）以宁波市海曙区政府购买居家养老服务为例，认为海曙区实施的居家养老"走出去、走进来"的"两走"模式已经取得显著成效，归因为政府财政投入力度大、敬老协会等社会组织积极参与、非营利服务机构多方位支持，提出了大力发展居家养老服务网络，加强绩效评估、加强组织管理和制度建设，增强行业协会等社会组织的自治能力，扩大服务类型和内容等建议措施，张航空等（2015）深入分析了北京市购买居家养老服务的相关举措，以居家养老服务券为例，指明了居家养老服务券市场载体、政策机制和消费群体等多方面存在的问题，提出了完善社区服务、增强使用效率、扩大使用范围等建议，对探索适合中国国情的居家养老服务具有一定的借鉴意义。王燕平（2016）研究分析了宁波市海曙区政府购买居家养老服务模式，认为如何整合政府部门和市场部门的资源是购买居家养老服务的关键，社会组织发展的薄弱是当前政府购买居家养老的主要问题，因此，应大力发展社会组织，提高社会组织在提供居家养老服务的自治性和独立性，引入竞争机制，减少政府干预。苟欢（2013）以四川省南充市政府购买居家养老服务为样本，提出了优化地方政府购买居家养老服务的政策建议：要注重购买服务方式的灵活性，放松社会组织的管制，取消市场进入门槛，从前置审批变为事后监管，政府购买居家养老服务应遵循"弥补市场失灵"的原则，减少对居家养老服务市场和微观主体的干预，要引入第三方评估机构和组织，开展购买居家养老服务的绩效评价。

如前所述，较多的国内学者从各地方政府的居家养老服务体系构建的具体措施的角度开展案例研究和比较研究，分析典型的地方居家养老服务模式，梳理总结地方先进的经验。

（三）政府购买居家养老服务绩效评价

国内学者在研究政府购买居家养老服务绩效评价方面主要集中在两个方面：

一是构建政府购买居家养老服务绩效评价指标体系，通过问卷调研、深度访谈等方式，就某一地区的居家养老服务绩效进行实证分析。张智勇（2013）利用广州市养老服务调研数据，以养老服务供应链为切入点，从支持绩效、运作绩效、结果绩效三个方面构建养老服务绩效评价体系，结果显示，广州市养老服务供应链绩效水平总体良好，但政府参与度、信息化程度、人力资源等方面仍然需要进一步改善。李文军（2016）基于程序逻辑模式，设计了社区居家养老服务绩效评价指标体系，并对上海市2014年数据进行了实证分析，研究发现，服务投入和服务产出方面的指标是影响绩效的重要阻碍因素。满文萍（2017）以杭州市下城区为目标，利用平衡计分卡模型，从服务管理、服务对象、服务队伍三个方面，构建了居家养老绩效评价指标体系。章晓懿、梅强（2012）根据居家养老绩效评估的内涵，以上海市居家养老服务为研究对象，设计了居家养老服务绩效评价指标体系，研究认为，效果性是居家养老服务绩效评价体系应该首要考虑的原则，其次是公平性，而效率性的重要程度位列最后。陈泓任、李其原（2015）以平衡计分卡为基础，从财务管理、服务对象、服务队伍和内部控制四个方面，构建了一套15个一级指标、45个二级指标的绩效评价体系，对居家养老服务站开展绩效评估。吉鹏、李放（2013）从评价主体、评价对象、评价指标等方面综合比较了我国各地居家养老服务绩效评价现状，阐述了政府购买居家养老服务内涵。吉鹏、李放（2017）利用逻辑框架法，从养老服务需求、老年人满意度、服务过程三个层面出发构建了绩效评价指标体系，研究认为，在构建居家养老服务绩效指标体系过程中，应着重从老年人实际需求出发，通过前置评估、过程评估和结果评估，构建科学合理的居家养老服务绩效评价指标体系。储亚萍等（2018）利用全国范围的居家养老调研数据，从政务环境、政府能力体系、供应商或者提供者能力、养老文化四个方面进行实证分析，结果表明，四个方面因素均与居家养老服务绩效评价呈正相关关系，因此，优化政务环境、提高政府管理能力、提升服务供应商能力、弘扬和宣传居家养老文化是提高政府购买居家养老服务绩效水平的有力措施。

二是利用计量经济学模型，通过量化模型来开展政府购买居家养老服务绩效研究。张栋（2017）利用2010～2013年山东省地市级养老服务监测数据，运用主成分分析实证研究了居家养老服务绩效的影响因素，结果显示，老年人规模、居民可支配收入、社区居家养老服务机构数量对居家养老服务绩效产生正向影响，提高居民可支配收入，改善居家养老服务基础设施可以显著提高居家养老服务的绩效水平。钱海燕、沈飞（2014）运用 DEA 模型，以合肥市居家养老服务为研究样本，实证分析了政府购买居家养老服务的财政支持效率，认为政府购买服务的项目收益、项目数量、居家养老服务满意度是影响财政支出效率的重要因素。张艳芳（2016）通过测算 2000～2013 年中国养老服务供需失衡水平，得出中国养老服务财政支持资金严重不足，养老服务的社会组织发展不能满足社会整体养老服务需求，提出应该规范政府购买养老服务流程，在养老服务机构引入竞争机制，完善政府的养老服务的绩效考核。

三、文献评述

美国、日本、德国等发达国家进入老龄化社会时间较早，相关研究较为丰富，在居家养老服务筹资机制研究中，很多国外学者聚焦于长期护理保险制度，该制度在日本、德国等国家已实施多年，取得了显著成效，长期护理保险制度通过政府部门、个人和企业三方共同融资，支持了包括居家养老在内的老年人所需的服务类型，长期护理保险的最终目标在于提供服务而非融资本身。对于公共服务绩效评价和指标设计的研究成果较为丰富，世界银行、OECD 等国际组织针对政府部门公共服务领域进行了实践性较强的绩效评价研究。

国内学者的研究更多的是在梳理总结地方先进经验的基础上提出政策建议，在实证研究部分更加注重政府购买居家养老的绩效评价，而对于居家养老服务的财政资金供给以及激励相对不是很关注，本书认为，居家养老服务的需求、财政资金来源、绩效以及财政激励是一个相联系的综合体系，只有整个体系科学合理，才能真正提高政府购买居家养老服务的质量和效率。本书正基于此，在借鉴国内外研究成果的基础上，充分考虑中国的实际情况，对财政资金的供给、绩效评价体系的构建以及财政资金激励机制的优化三方面进行较为系统的研究。

第三节　主要研究内容及方法

一、主要研究内容

本书在已有研究基础上，以我国政府购买居家养老服务为研究主题，运用信息经济学、绩效评估理论、福利多元主义和多中心治理等理论基础，探究了我国政府购买居家养老服务的发展现状、存在的问题和深层次原因，从政府购买居家养老服务财政供给机制、政府购买居家养老服务绩效评价体系构建和基于绩效的财政激励方案设计三个方面分别研究了政府购买居家养老服务的激励效应和作用机理，最后借鉴发达国家居家养老服务先进经验，得出结论并提出相应的政策建议。本书研究的主要内容安排如下：

第一部分，本书首先阐述了研究背景及意义，面对我国人口老龄化程度逐步加快的严峻形势，养老是家事也是国家大事。在对国内外相关文献进行分析的基础上发现，由于国外发达国家进入老龄化社会时间较早，相关研究较为深入，在居家养老服务筹资机制、绩效评价和指标设计等方面研究成果较为丰富。而国内学者的研究更多的是在梳理总结地方先进经验的基础上提出政策建议，在实证研究部分更加注重政府购买居家养老的绩效评价，而对于居家养老服务的财政资金供给以及激励关注度不高，本书认为，居家养老服务的需求、财政资金来源、过程管理、绩效以及财政激励是一个相联系的综合体系，只有整个体系科学合理，才能真正提高政府购买居家养老服务的质量和效率，这也是本书研究的重点。本书涉及的理论基础有：信息经济学理论、绩效评估理论、福利多元主义理论和多中心治理理论，为文章接下来"供给侧""需求侧"机制理论模型研究、绩效评价体系构建和财政激励机制优化提供理论基础。

第二部分，本书在分析了我国政府购买居家养老服务的发展现状及存在的问题的基础上，探究了我国政府购买居家养老服务供给问题的深层次原因：财政资金的供给方式亟须改善，科学的绩效评价体系亟须构建，同时，政府购买居家养老服务的财政激励机制亟须优化。针对这三个原因，本书进行了较为深入的研究，主要研究内容及得出的结论如下：

第一，在政府购买居家养老服务财政资金补助机制研究中，利用信息经济学理论分别从"供给侧"和"需求侧"两方面进行模型分析，研究认为：①在"供给侧补助"方面，同质性的社会组织和服务企业可以通过投入更多的努力增加获得财政资金的可能性；而对异质性社会组织和服务企业来说，财政的相关支持政策会减少社会组织或服务企业对居家养老服务产出，出现"负激励"，企业会处于"低"效率状态以期获得平均的资金补贴额度，若要改变这种"负激励"导致的低效率，就必须设计科学的绩效评价体系以增强对参与居家养老服务的社会组织和服务企业的有效甄别和配置；②在需求侧补贴方面，养老券政策将一部分养老选择权让渡给老人，但老人对社会组织和服务企业的评价依赖于政府导向，这种"选择偏差"使政府购买居家养老服务的绩效评价就显得格外重要。

第二，在政府购买居家养老服务的绩效评价体系构建中，根据效率性、公平性、相关性和经济性等标准和科学性、合理性等原则构建政府购买居家养老服务绩效评价指标体系（4 个一级指标、15 个二级指标、38 个三级指标），在构建绩效评价体系的基础上，又利用三阶段 DEA 模型实证分析了我国 17 个省份政府购买居家养老服务的供给效率，研究认为：①我国大部分省份的政府购买居家养老服务效率受到外部环境因素影响，受环境有利因素影响的省份多集中在东部，而受环境不利因素影响的省份多集中在中西部及东北地区；②在剔除环境因素后，样本三个直辖市中只有北京市的综合技术效率处于生产前沿面，天津市在纯技术效率方面有待加强，上海市在规模效率方面有待加强。③剔除环境等因素后，我国政府购买居家养老服务综合效率的区域排名为东部地区＞中部地区＞西部地区＞东北地区，东部地区综合技术效率最高，西部地区和东北地区在纯技术效率和规模效率均处于较低水平，管理制度、技术手段和资源投入都需要进一步加强。

第三，在政府购买居家养老服务财政激励机制的研究中，借鉴 OECD 国家的实践和典型做法，利用本书构建的绩效评价体系，结合我国政府购买居家养老服务的功能定位和运营情况，设计了基于绩效的财政激励机制设计（Performance-based Fiscal Incentive Program，以下简称"PFIP 机制"），从机制上引导省级政府购买居家养老服务各个相关部门形成自我约束机制和自我激励提高的管理意识。

第三部分，本书选取美国、日本、澳大利亚、德国等发达国家作为样本，借鉴先进的经验和做法，促进我国政府购买居家养老服务的发展。最后对政府购买居家养老服务提出有针对性的政策建议，并提出完善的配套制度改革措施。

二、研究方法

第一，本书采用定性与定量分析相结合的研究方法。定性分析主要体现在：通过居家养老的发展现状发现存在的主要问题，通过逻辑推断等方式对深层次的原因进行了分析；发达国家居家养老服务体系中有很多值得借鉴的成熟经验，但并不是所有做法都适合中国，所以通过比较分析，有选择地进行借鉴。定量分析主要体现在：本书对财政资金的供给从供给侧和需求侧进行了理论建模分析；基于统计数据，使用 DEA 算法对政府购买居家养老服务绩效进行了实证研究；借鉴 OECD 国家的实践和典型做法，结合我国政府购买居家养老服务的功能定位和运营情况，设计了基于绩效的财政激励机制设计（PFIP 机制）。

第二，本书采用文献研究和实地调研相结合的方法。关于政府购买居家养老服务的研究文献资料丰富，本书通过对大量文献及年鉴的梳理与总结，提取了有用的相关研究成果加以借鉴。在理论积累的同时，深入山东、河南、江苏等实地调研政府购买居家养老服务等制度的实施情况，取得第一手资料，力求做到理论与实践相结合。

第四节 相关理论基础

我国在研究政府购买居家养老服务方面有丰富的理论为支撑，总结前人的理论研究成果是必要的。本节基于后续研究所运用的理论基础进行简要的梳理和归纳，并分别对本书的研究内容与相应理论基础的联系进行了总结和分析。

一、福利多元主义理论

近十几年来，福利多元主义理论① （welfare pluralism，WP） 越来越多地被运用到社会福利政策的制定和研究中，"福利多元化"概念的提出是在20世纪70年代末到20世纪80年代初，最早起源于蒂特马斯（Titmas）的"福利社会的分工"（Spicker，2008）。福利多元化理论旨在强调福利来源和形式的多元化，主张减弱政府在增加人民福利方面的干预作用，更加重视非正式行为、市场行为和志愿行为在人民福利方面发挥的积极影响（Beresford & Croft，2009）。

（一）理论背景

1973年和1979年两次石油危机，导致欧美等发达国家经济成本上升，财政资源出现紧张现象，随着经济新自由主义的兴起和华盛顿共识②的达成，新自由主义的社会福利政策被广泛接受，新自由主义的拥护者认为，各地方政府应采取"后排议员"的措施，不再干预市场经济，市场机制可以最优化配置社会资源，这也导致了社会福利政策的制定理念从"福利国家"向"福利社会"（Dean，2008）的转变。同时，在经历了20世纪70年代两次石油危机之后，欧美等许多发达国家经济出现不同程度的衰退，经济出现滞涨，进一步削弱了政府部门提供全社会公共服务的融资能力，政府部门被迫在结构性调整的形势下削减了社会福

---

① 与它相关的概念还有福利混合经济（mixed economy of welfare，MEW），经济学家们经常将这两个概念联系在一起，以解释社会组织、企业在增进社会总福利方面发挥的重要作用。

② 华盛顿共识主要受当时的英国首相撒切尔夫人和美国总统里根的影响，在很多方面都深刻体现了撒切尔主义或里根经济政策的思想。

利支出，以应对财政资源缩减的危机，在这种情况下，政府部门为居民提供的公共服务普遍出现了低效率、低质量、"缺位"等现象。在一些国家，非政府组织（NGO）等社会组织是推动和促进教育、医疗、养老等关系人类福祉的事业发展的主要力量，但这并不是在所有地方均适用，在许多国家，特别是发展中国家，NGO 等社会组织发展缓慢，在社会治理、社会福利等方面扮演更多的是对立角色，而不是主要的运营主体，政府部门对于社会组织和企业参与公民福利事业尚持怀疑态度，因此，在这些国家中，政府部门主要通过以下几类途径来影响和干预社会组织的运营环境：管理的质量（问责制）、规范性法律框架（组织登记、服务标准等）、税收政策（社会组织支持当地慈善事业）、公共咨询和信息协调、与社会组织和市场微观主体的合作、政府支持（财政补助、政府购买服务）。近年来，随着社会治理的进步和新公共服务理念的发展，社会组织和企业已发展成公共事务和居民福利事业的重要参与者，他们发展的规模不断壮大，他们的工作直接面对当地居民，创新服务方式，将服务触角延伸到公共部门难以有效开展服务的地方，许多社会组织与贫困社区有着紧密的联系，本身也逐步成为弱势群体的代表，更加重视和关注帮助妇女儿童、粮食安全性、老年人歧视等问题，他们拥有长期生活在敏感环境地区（荒漠边缘、贫民窟、重污染地等）的丰富工作经验，相比政府部门来说，更具备专业的比较优势，基于上述原因，人们更加清楚地意识到，政府部门在福利事业方面的权力被过度扩展了，而市场部门和志愿部门可以在这方面做出更大的贡献，因此，在地方政府层面，越来越多的地方政府通过促进社会治理体系改革的基层动员（Clark，1991）或者说参与式治理，与市场部门和志愿部门开展广泛的合作，共同促进本地区居民福利的增进，最典型的案例是政府部门与高度专业化的市场部门和志愿部门的合作伙伴关系（Public - Private Partnership，PPP）。

（二）主要内容

福利多元化主要指的是通过一定的方式或模式，由一系列社会行为者共同参与提供社会福利服务。这些参与者包括政府部门、市场部门（私人企业）、志愿部门（非政府组织、慈善机构、宗教团体、社会/社区团体等）、非正式部门（家庭成员、朋友、邻居等）和国际发展伙伴（international development partner），这些参与者通过协调合作机制双方或多方的共同开展相应的福利活动。福利多元化理论主要研究两个主题：一是政府部门提供公共服务的边界是什么？政府部门是应该为所有人提供全覆盖型的服务，还是应该为被排除在私人供给外的人提供相应的服务？二是政府部门是否应该与市场部门（private session）、志愿部门、非正式部门建立合作伙伴关系？在哪些方面建立？合作的模式是什么？

（三）角色定位

在福利多元主义理论中，政府部门的角色定位为：①制定福利政策。政府部门应为国民在能力允许范围内做出社会福利政策的决定。②为社会服务提供完善的法律框架。政府部门通过规划、设计、整合等多种措施向其他部门购买公共卫生、教育等领域的服务，风险共担，利益共享，成本分摊。③建立执行和维护最低限度的公共服务标准。无论以何种形式提供，政府部门有责任为公共服务的供给进行监督和管理。④以最低保障、财政补贴等形式支持弱势群体。⑤保护儿童、老年人、精神病患者和残疾人。⑥补充服务缺口。市场部门、志愿部门和非正式部门在提供公共服务方面发挥着重要作用，但当必要的公共服务不能由市场提供，或者因无利可图而私人部门不愿意提供时，政府部门应该补充服务缺口。

志愿部门的角色定位为：①作为重要补充，为社区提供服务。志愿部门作为政府部门提供服务的补充角色的关键努力在于1948年贝弗里奇的"志愿行动"，贝弗里奇（Beveridge）为志愿部门提供服务开辟了试验道路，并提出了建议，许多国家的非政府组织和非营利组织在为社区提供服务过程中承担了越来越多的责任，许多志愿部门组织已经从补充服务的提供者转变成为正式契约下核心法定服务的提供者。②创新多样化的社会服务供给模式。非政府组织等社会组织被广泛认为可以更有效地为穷人等弱势群体提供援助和支持，1981年，美国国会授权美国国际开发署，将其发展资金的12%～16%分配给非政府组织，这些非政府组织被认为是比政府部门更有效的资金使用机构。③增加公民政治参与度，发扬利他主义精神。④代表弱势群体向政府部门进行公开呼吁和诉求。非政府组织将自己视为政府部门的合作伙伴，弥补现有福利政策体系的缺陷，在"政府失灵"的过程中发出"无声者的诉求"（Baker，1993）。⑤协助政府部门开展扶贫。⑥援助和支持被市场部门所排斥的群体，如孤儿、流浪儿童、无家可归者。⑦提供教育、卫生保健、医疗等领域的专业团队。

市场部门的角色定位为：①提供社会化服务。如私立学校、私立医院等。②提供专业化服务。广泛开展与政府部门和志愿部门在社会福利领域的合作，例如，为医院提供专业的医疗设施、为学校提供计算机实验室、与社会组织合作提供融资项目等，在此过程中，市场部门可以获得相应的税收减免等优惠政策，也可以通过宣传体现企业的社会责任，树立良好的社会形象。但福利多元主义理论同时认为，市场部门在提供公共服务、增进社会福利方面存在很多不足和局限，首先，对于特殊弱势群体，市场部门对于社会服务需求反应不足，不会为无利可图的社区或组织提供服务。其次，市场部门中的企业行为存在"负外部性"，在教育、医疗、公共设施等领域，当社会总收益超过市场微观主体收益时，企业没有积极性展开行动，当社会总成本高于市场微观主体成本时，企业会展开行动。最后，在某些公共服务领域，如社会化服务、疾病预防等，市场部门存在"缺失"现象。

非正式部门的角色定位：①减轻政府部门的负担。②填补一些领域的政府部门空白。③通过利他主义照顾老年人、残疾人等弱势群体。

（四）研究方法

主要集中在协调多元主体服务供给的模式研究。

1. 利用市场机制协调服务供给

依靠价格机制或通过谈判、竞争等方式的契约机制来确保社会服务有效供给。服务提供的方式主要通过谈判（竞争性招投标）的过程来协调，在此过程中，服务供应商们面临着招投标合同中的交易成本，特别是关于他们可能签订服务的信息以及他们潜在竞争对手或合作者的活动，因此，建立社会化网络的治理方式可以进一步降低服务供应商的交易成本，比如从消费者端了解服务规范和服务需求，从竞争对手或合作者端获取有关服务提供的可选模式等信息，来最小化交易成本。

2. 采取分级分类购买服务的方式来协调服务供给

以政府部门的规划和协调机制为依托，让服务供应商垂直进入社会服务采购市场，在这种情况下，福利多元化理论建议采取链式管理方式来协调各个部门的社会服务供应和产品交付，通过科层制的方法，以政府部门规划机构的金字塔管理模式来协调各个部门，当地社区未能满足的服务需求向地方政府反映，地方政府获取需求后继而向采购中心反馈，采购中心行使职能，向市场部门、志愿部门发包，这种治理结构需要很强的问责制来保证整个系统的正常运行，信息的传递速度和效率损失可能是这一治理方式要考虑的重要问题，此外，对当地社区未能满足的服务需求所做出反应的时间长短也是这一机制存在的交易成本之一，福利多元主义理论认为，应该在政府部门和服务提供者之间建立一个地方级别的社会服务网络，以缓解这一结构带来的问题，减少信息的损失，快速地响应社区服务需求。

3. 采取"部族制"或者说联盟制来协调社会服务供给

通过各类组织之间的非正式网络联系，来实现服务和产品的交付。这种方式可以跨越上述两点所说的市场机制和科层制结构安排，服务供给的协调机制可以通过社会化非正式网络或者依赖个人关系来提供社会服务，通过当地的"部族"（Ouchi，1980），社会服务的消费者、购买者和提供者之间可以进行协调，从历史情况来看，在这种情况下，各类组织之间必须存在某种紧密的、长期维护的关系，这种关系用来协调服务供给的各项条款，价值驱动和快速地服务供给是建立在相互信任的基础上的，因此，这种服务协调机制在选择潜在服务提供者方面往往具备很强的制度偏见性，可能无法响应所有的社会服务需求，因为在社会关系之外的服务供应商不会在此机制下成为服务的提供者，中国农村准公共产品的供给在很大程度上受这种方式的影响，依赖农民之间的信任关系来进行服务和产品的交付。

从上述三个公共服务供给机制比较来看，社会服务供给没有统一的、规范性的模式和解决方案，每一种供给模式都对应着独特的背景和不同的交易成本，因此，在选择公共服务模式时，应因地制宜，具体情况具体分析和解决。

（五）优势

福利多元化的优势在于：①减轻政府财政负担，通过多元主体参与，改变了以往政府部门提供公共服务全覆盖的模式，能够有效地避免政府部门陷入"财政悬崖"。②服务主体的多样性进一步扩大了社会服务的范围。③通过志愿部门、非正式部门的参与，鼓励利他主义在社会中的传播和影响。福利多元化的劣势在于：社会服务供给主体较为分散，社会服务和产品的标准、质量存在一定程度的变化，由于服务供给涉及多个主体、多个部门，政府部门、市场部门、志愿部门和非正式部门之间可能发生较高的协调或管理成本。

本书之后对政府购买居家养老服务的相关问题研究都是基于福利多元主义理论为前提，政府购买居家养老服务的参与者包括政府部门、社会组织、服务企业、家庭及老年人等，政府部门制定政策、评估绩效，以最低保障或财政补贴等形式支持弱势群体，同时还肩负着补充服务缺口的职责，本书正是从政府部门角度来研究了政府购买居家养老服务的资金供给、绩效考核以及财政资金激励等问题。

二、信息经济学理论

信息经济学是经济学中不对称信息博弈论的应用。不对称信息意味着博弈参与者之间的信息分布不均匀，这不仅意味着信息量，还意味着信息质量的不对等。信息经济学与博弈论的区别在于：前者是以结果为导向的，研究了既定信息结构下博弈参与者之间的最优契约形式，而后者假设参与者的信息给定的情况，通过算法学习分析、数据结构和博弈元素，分析出博弈均衡结果。从某种意义上说，博弈论是一种工具，而信息经济学是一系列系统理论。信息经济学利用博弈论分析来研究博弈双方或主体代理人双方的最优契约形成形式，信息经济学中的许多理论正在通过特定系统和理论的研究得到发展。因此，信息经济学与博弈论之间仍然存在差异。

信息不对称的特征在于两个角度：博弈时信息的不对称性以及一般行为和知识的可观察性。由于信息的不对称性，在博弈时，信息的不对称性可能发生在双方之间签订合同之前，或签订合同之后。就知识和共同行为的可观察性而言，信息的不对称可以指代双方行为或知识。用于研究不可观察性的主体和主体行为的模型被称为隐藏行为模型，用于研究不可观察性的主体和主体知识的模型被称为隐藏知识模型。在信息经济学中，博弈参与者拥有更多信息的一方称为"代理人"，而另一个方被称为"客户"或"委托人"。因此，可以在委托代理的模型框架下分析信息经济学，不同模型的基本特征可归纳如下：

1. 隐匿行为道德风险模型

当合同订立时，双方信息是完全的，代理人根据合同结构（如辛勤工作、懒惰等），自然选择行动和博弈状态，代理行为和自然随机波动决定了合同执行的可观察结果，而委托人的信息不对称也会产生部分可观察的结果。而委托人无法直接监控代理人的行为或自然状态。委托人的目标是设计一个激励合同，以防止代理人行为的道德风险从而偏离委托人的利益。

2. 隐匿信息的道德风险模型

在合同订立之后，可以根据外部环境（例如恶劣的工业环境）和代理的类型自然选择状态和行为。委托人可以观察代理人的行为但无法获得有关自然选择的信息，委托人的目标是使代理人在给定的自然条件下对其执行最有利行动，目标是设计一个与激励相容的合同。例如，在公司中，销售经理不清楚、不了解客户的特征，并且企业的总经理也不了解这些信息，因此企业总经理需要设计一种机制，从而促使销售经理了解客户，为不同的客户群选择不同的营销策略。

3. 逆向选择模型

自然选择代理人的类型，代理人有自己的类型信息，但是委托人却不知道这些信息。当委托人和代理人签订合同，例如，食品市场的买家和卖家：买家不了解产品信息，卖家有更多关于产品质量的信息等，双方之间存在信息不对称。估计产品的质量只能通过诸如价格等有限信息进行推测。

4. 信号传递模型

如上所述，自然选择代理人的类型，代理人有其自己的类型信息，但是委托人却不知道这些信息。代理人通过某种信号显示其类型信息,委托人在观察代理人发出的信号之后与代理人签订合同。在劳动力市场中,信号传递模型被最广泛地使用,并且在公司的雇用过程中,寻找工作的工人具有其能力的信息,但是因为公司不了解这些信息,所以寻找工作的工人通过资质证明等将信号传输给公司,公司能够通过信息确定是否雇用工人,并通过通知信息来确定工人的工资水平。从以上分析可以看出,在实际生活中,信息学的理论模型被广泛使用,如保险行业中。企业组织和公司利用信号传递模型制定激励合同并影响工资政策等。

本书在之后政府购买居家养老服务财政资金供给理论机制的研究中,利用信息经济学理论分别从供给侧和需求侧两方面阐述了财政补贴的作用机理。通过构建同质性社会组织和服务企业的横向"锦标赛"机制理论模型,与异质性社会组织和服务企业纵向"信号甄别"机制理论模型,发现同质性社会组织和服务企业可以通过投入更多的努力增加获得财政资金的可能性,而异质性社会组织和服务企业会由于信息的不对称,隐匿其行为,产生激励扭曲效应。对需求侧构建"用券投票"的标尺竞争机制理论模型,发现由于信息不对称性,老年人对需求的选择依赖于政府对社会组织和服务企业的判断。为了避免社会组织和服务企业"包装"自己进行博弈,必须设计科学的绩效评价体系才能增强对参与居家养老服务的社会组织和服务企业进行有效甄别和配置。

三、绩效评估理论

"绩效"(performance)根据具体情况有不同的含义。一些学者将绩效的含义定义为"行动的利益"(Ryle,1949)。吉尔伯特(Gilbert,1974)将"绩效"定义为所取得的成绩,尼科尔斯(Nickols,1978)认为"绩效"是采取行动之后的结果。绩效有两个含义。一个是完成一项项目的能力,另一个是完成一项好项目的能力。绩效评估通常被用于公司领域,并强调完成项目的能力符合公司的目标。总之,本书将绩效视为反映项目最终结果的行动量化的结果。

绩效评估是一个系统性项目,有三个并行的内容:确定绩效评估的初始投资,实现预期绩效的方法(过程),最终绩效的输出。绩效评估的三个垂直维度是个人绩效评估,团队绩效评估以及组织绩效评估。

通常从经济学中的投入产出分析的角度分析绩效评估,部分学者认为绩效评估实际上是可以通过一定时期内的行动或过程进行量化从而得到的结果,并将最终结果与先前的预期结果进行比较。从而得到绩效的有效性。因此,绩效评估可包括以下五个要素:

①时间：从项目开始到项目完成的时间，过程包括各种不同时段。

②预期：这是一个理想的状态，预期是通过前期投资实现或对实现的结果进行预测，并且预期可以等同于管理目标。

③行为：指个人或者组织对原始材料、资源要素投入后的作用方式。组织和个人有多种替代方式，但并非所有方式都能实现最终目标或实现预期目标。原始投入是指人力资本、原材料、能源以及组织方面所的投入的资本。只有促进实现预期目标的行动才可以构成最终行为。

④结果：通过预先投入的合理要素可以获得与之吻合的最终成绩或者产出。通常在企业中称为业绩、表现。如工作成果、公司收入或利润等。

⑤有效性：指通过产生可量化结果的行动和过程实现的，与预期结果与最终结果进行比较，得到的与先前预期结果之间的差距。这种差距可能是正向，表明该项目具有高绩效和良好的回报；它可能是负向的，表明该项目业绩差，回报率低。组织和个人最终通过初始投入获得的产出或结果具有一定的合理范围。

绩效评估的五个基本要素相互补充，相互制约，相互促进。以生产为例，企业员工在规定的时间内投入人力资本（经验、知识、努力和技能），以及企业的先前要素投入（原料、资本投入、中间产品）。最终结果是企业的预期生产结果，这一系列活动是企业所期望实现的，最后，企业的价值（利润、收益、市场份额等）是通过市场交换获得的。这样才可能使得企业可持续发展。其中，期望是基于市场预期的市场价值，可以代表企业的一个好的状态。产出或成就是公司和员工的最终目标，行动的选择的目的是实现绩效目标，这是其中一个条件，包括在时间影响下取得实现绩效目标而采取的具体行动。

绩效评估的特点是时间、空间、原始投入等因素多样性，往往会受到制约。因为它们受到各种因素的影响，如预期效果和行动方法选择，因此结果往往是多样的，具有层次性，模糊的。

①绩效评估的多样性：从绩效评估的五个基本要素，可知绩效评估的特点是多样性。深入理解绩效的含义以及科学和严谨的绩效评估需要从五个基本要素进行研究和分析：这五个要素包括时间、行为、预期、结果和有效性，这五个基本要素相互制约，相互促进，相辅相成。从最初的输入到行为模式的选择，到最后的预期的输出，每个基本元素都涉及企业组织理论产业链，链的每个部分都会影响到绩效评估是否有效。

②绩效评估水平的垂直性（又称为层次性）：绩效评估的内容以个人绩效评估，组织绩效评估和团队绩效评估为主，其特征是人们认为的评估内容垂直，有

若干个层次的特点。

③绩效评估的模糊性。由于绩效评估具有多样性和多层次性质的双重性，绩效评估的内容和概念相对广泛和模糊。在理论界，对绩效评估的原则和标准，绩效评估方法的选择以及绩效评估的最终目标总是存在不同的看法。难以客观和科学地判断绩效评估考核究竟应该包括哪些内容。

④绩效评估的动态性。虽然绩效评估的时间轴因素表明绩效评估存在一定的动态性，但绩效评估的动态还包括空间动态。以老人护理服务为例，老人护理服务的外部性决定了因地区和时间而异的老人护理服务的需求，即绩效评估的结果随着时间和空间的演变而变化，这会影响绩效评估的准确性以及做绩效评估对其他基本要素的预期、结果、有效性等，其特征是具备时间和空间的动态性。在进行性能、绩效评估时要注意动态性，因为所需的输出结果会根据时间和地点发生变化。

本书在之后研究政府购买居家养老服务绩效评价体系的构建中，利用绩效评估理论，从投入、产出角度进行分析，充分考虑绩效多样性、层次性特征，采用构建绩效评价指标体系以及建立计量经济模型分别对政府购买居家养老服务进行绩效评价，并用 EDA 算法对我国 17 个省份的政府购买居家养老服务进行实证研究，在利用 DEA 模型进行实证研究中，充分考虑了绩效的动态性，将外部环境及随机扰动因素进行了剔除，完成了三阶段 DEA 实证分析，以期使政府购买居家养老服务的绩效评价结果更加客观、准确。

四、多中心治理理论

多中心治理理论是由奥斯特罗姆夫妇（Vincent Ostrom and Elinor Ostrom）提出的研究体系，主要体现了一种复杂的治理形式，在社会治理系统中，存在多个决策中心或单元，每个决策中心拥有一定程度的自治权（E. Ostrom，2005；V. Ostrom，Tiebout & Warren，1961）。多中心治理体系中的决策单元通常可以重叠，它不仅包括嵌套在系统中的多个行政级别（如联邦政府、州政府和地方政府），还包括超越行政司法管辖区域的特殊目的治理单元（McGinnis & Ostrom，2011；E. Ostrom，2005），这种多层次的重叠式配置意味着，具有"多中心"特征的治理结构能够在集权式、完全分权式或混合式之间取得平衡（Imperial，1999）。马歇尔（Marshall，2015）研究认为，虽然多个半自治决策中心的存在可以将治理结构定性为多中心，但在这种治理体系下，并不能够保证各个决策中心之间能够充分地协调、合作形成真正意义上的多中心治理体系。如果系统内部的各个决策中心在竞争和合作关系中能够相互考虑、平衡，且能够解决冲突，那么这种治理结构就符合多中心治理理论的要求。多中心治理理论已经被广泛应用到多个学科，尤其是在公共行政和社会资源管理方面。尽管多中心治理这一概念深受实践的偏好，但整个理论的系统发展仍然有限（Brie，2014）。虽然近年来许多学者在多中心治理的理论研究方面取得了不俗的进展（Newig & Fritsch，2009；Pahl－Wostl & Knieper，2014），但多数实证研究中所采用的多中心治理的概念和理论并没有和奥斯特姆（V. Ostrom）等提出的思想完全一致，这在一定程度上阻碍了整个理论体系的发展。许多学者从学习促进、信任和适用性到缓解资源配置失败的风险等多个方面阐述了多中心治理体系的理论优势（Marshall，2009），但实践分析研究的文献较少。

"多中心"这一术语最早出现在 1951 年博兰尼发表的《自由的逻辑》，主要描述了一种社会组织结构，个体可以在普遍的规则体系下自由地追求自己的目标，《自由的逻辑》出版十年后，奥斯特罗姆等（1961）引用"多中心"这一术语来阐述大都市区治理的一种组织架构，特点在于在治理架构中，存在多重交织的政治单元。奥斯特罗姆等（1961）认为，在这样的治理结构中，如果引入某些类似市场机制运行的特征，表面上低效率的多重政治单元在配置资源等方面，要比集权式政府具有更高效地生产和提供公共产品和服务的能力。他们认为，多重交织的政治单元能够以连续的方式或可预测的模式运作，在竞争和合作等关系相互考虑的情况下，利用契约等合作措施，来解决冲突，最终取得比单一中心机制更好的结果。这种多中心治理理论主张得到了 20 世纪 70 年代美国大都市管理体制的实证支持，很多研究表明，大都市区的多中心警务服务在效率和响应能力等有效衡量指标方面表现明显优于更为集中的系统体系（E. Ostrom & Parks，1987）。在 20 世纪 80 年代，埃莉诺·奥斯特罗姆将研究注意力转向公共资源领域，试图了解和解释人类如何在复杂动态多变的外部环境中实现和维持自治。奥斯特罗姆对公共资源理论最有影响力的研究贡献之一是她提出了八个制度设计原则，她发现这些原则与维护公共资源池的机构力量强弱有关（E. Ostrom，1990），这些制度设计原则涉及更为复杂、更大规模的公共资源系统，显示了多层嵌套的企业组织与强大管理机构之间的各种治理活动，在随后的研究工作中，虽然"多中心"一词不仅仅意味着多层嵌套，但奥斯特罗姆等会将"多中心"与"嵌套"互换使用（Huntjens et al.，2012；E. Ostrom，2005）。自 1990 年奥斯特罗姆将制度设计原则出版以来，许多学者对于"多中心治理"理论进行了深入研究。多中心治理的目标已经超越了"效率的提高"，布隆奎斯特（Blomquist，2009）通过研究认为，提倡多中心治理理论的学者提出的研究主题包括：①对规模经济多样性的认识；②减少错误倾向和促进学习的愿望；③认识到对人类信息处理能力的限制；④资源管理的多个目标存在；⑤承认与大多数复杂自然资源系统相关的人类利益和价值观的多样性。这些研究主题实际上也体现了多中心治理的理论优势。马歇尔（2009）认为多中心治理理论的优势还在于：更好地获取当地知识，更紧密地匹配政策与制度，减少因政策试错而导致全局政策失败的风险，改善信息传递重叠机制，增强适应性管理能力。

多中心治理理论的主要内容有：①多中心治理系统的三个属性。奥斯特罗姆（1991）认为，一个多中心的治理体系包含以下三个方面：一是系统中许多正式的、自治的单元彼此相互独立；二是各个单元选择以考虑他人行为策略的方式运行；三是通过各个自治单元之间的合作、竞争等，系统内部冲突得以解决。多中心治理系统的三个属性最初是由 1961 年奥斯特罗姆等提出，尽管在后续研究中，奥斯特罗姆对这一概念进行了多种表述，但其含义并没有脱离最开始的理论构想，因此，许多学者依然在研究中遵循了多中心治理的这三个属性。②多中心治理主体是具有一定自治程度的多重交织决策中心。在奥斯特罗姆（1991）的表述中，首次将"政治单元"替换成"决策中心"，更好地反映治理单元在制定和执行特定领域政策时所扮演的积极角色，麦金尼斯和奥斯特罗姆（McGinnis and Ostrom，2011）认为这样的转变在理论研究方面具有重要的指导意义，"多中心治理需要来自公共部门、私人部门和志愿部门等领域的各类组织，这些组织通常是多层次的复杂组合，具有相互重叠的责任和职能，……，此外，协会、社区组织、企业在多中心治理体系中发挥着关键的支持作用，尽管他们没有在政府部门担任任何官方职位"。因此，多中心治理体系中各个决策中心不仅限于正式的政府机构。但是，并非每个对特定治理领域感兴趣的组织或个人都能构成决策中心，只有那些在相关领域内"相对独立的、制定规则或规范"的单元才能构成决策中心，立法机构、行政机构和其他公共机构显然属于决策中心范畴，社区等自治组织在一定情况下也可以制定和执行不成文的规则或规范，有时候也纳入决策中心范畴，对于缺乏制定规则能力但强烈影响政策的组织或个人，奥斯特罗姆将他们列入"关键支持角色"，多中心治理体系的有效运行往往取决于这些"关键支持角色"。奥斯特罗姆等提出，多中心治理体系的最佳模式并非一个分散的、相互关联的决策中心组成的静态网络，而是一个密集的、快速发展的决策中心组成的动态网络。综上可以看出，决策中心的自主性或独立性是多中心治理体系的基本特征，但是正如马歇尔（2015）所论证的那样，虽然在理论中正式的自治是最重要的，然而，授予决策中心正式的独立性并不能保证他们在实际中依然具有极大的自治权，虽然中央政府可能会将某些责任和权力下放到地方政府和社会组织，但他们也可能通过财务激励、强制执行、烦琐申报程序和合规要求对公共服务的绩效进行实质性的控制（Gruby & Basurto，2013；Marshall，2015）。③以考虑他人的方式，通过合作和竞争，解决多中心治理结构的冲突。这也解释了在某种程度上自治运作的决策中心组合如何能够作为一个连续的系统顺利运行。从广义上讲，处于多中心治理系统中，各个决策中心即使彼此独立，做出的决策也要基于其他系统成员的行为或者前期经验。在考虑他人行为的同时，决策中心及其他关键参与者在合作与竞争中相互作用，解决冲突，达到系统均衡。这样的过程可能会导致自组织倾向，在某种程度上，决策中心有激励去创造或建立适当的有序关系模式，自组织的治理体系能够持续和适应地运行下去，无须中央决策者或外部规划的指导（Lebel et al.，2006）。关于合作，多中心治理理论解释为自愿联合行动的广泛类别，包括合作和契约承诺等，合作对于多中心治理体系至关重要，因为个别决策中心可能无法有效地或高效地生产某些产品和服务，或者无法独立解决特定的问题。通过合作，他们可能会增强其集体行动的能力或将职能外包给能力更强的决策中心或关键支持者，这也是多中心系统比单一中心系统表现得更好的原因。关于竞争，决策中心可能会通过竞争来推动多中心治理体系的自组织形式，当相邻的决策中心能够获得关于彼此表现的信息时，就会出现竞争的条件。尽管竞争的过程可能会导致有益的自组织形式，但资源配置的激烈竞争可能会破坏合作，并阻碍多中心治理体系的自组织能力（Poteete & Ostrom，2004）。

本书在之后的财政激励实证研究中，充分考虑我国各地方在居家养老方面与上级政府的功能定位不同，并尊重地方政策的独立性，利用多中心治理理论，在构建 PFIP 机制时设计了两套激励方案。省级政府和省级以下县市级政府是独立决策部门，各部门之间既是竞争关系又要合作，如果只追求自身利益最大化则会影响本地区（或本省）的绩效，从而影响上级财政增量激励资金的支持。在PFIP 财政激励机制作用过程中，通过财政激励能在一定程度上引导各决策部门在无须中央决策或外部规划的情况下，有序而正向发展。

第二章　政府购买居家养老服务的问题及原因分析

第一节　我国居家养老服务的发展现状

一、政府购买居家养老服务的顶层设计逐步完善

自 20 世纪 90 年代起，中国经济快速发展，在经济发展道路上，产业结构调整变得更加重要，以服务业为中心的第三产业发展变得迫切。这导致了第三产业的快速发展，从而带来了社区服务业的发展。1992 年，中共中央、国务院发布的《关于加快发展第三产业的决定》中指出，要大力开拓和发展第三产业，"居民服务业"已成为中国第三产业的重要发展项目之一。与此相关的是，民政部、财政部、全国老龄办等相关部门加强顶层设计，选取有条件的地区，开展试点工程，已开始大力发展社区服务业，社区服务业的快速发展是中国住房养老金政策和家庭养老服务的基础，为相应的法律法规实施做铺垫①。

2000 年，中共中央、国务院颁布了《关于加强老龄工作的决定》。该提案旨在建立一个建立"以家庭养老为基础、社区服务为依托、社会养老为补充的养老机制"制度，这是建立包括家庭，社区和社会在内的养老金制度的首个提案，并强调了社区服务这个提案的重要作用。这个决定是中国未来引入家庭养老金政策的重要依据。这个时间段内，家庭养老和家庭服务的概念逐渐形成，在我国，开始强调并着手以家庭护理，社区型和机构补充的养老金服务体系的建立，为老年

---

① 在这一时期我国人口结构的老龄化进程加快，国家对于老龄化社会问题的关注度提升。1996 年，我国出台了历史上第一部《老年人权益保障法》，该法明确规定"老年人养老主要依靠家庭"。同时，这部法律也明确指出了要"发展社区服务，逐步建立适应老年人需要的生活服务、文化体育活动、疾病护理与康复等服务设施和网点"。与此同时"居家养老"的观点开始出现在领导讲话和学术研究文献中，但是相关的居家养老政策仍未出台。

人提供更到位的社区服务，使其重视度得到加强。这为家庭养老保险政策提供了重要的支持，公共行政和老年部门是积极发展老年人社区服务的重要力量。并支持残疾人康复服务。国家卫生健康委员会和中国残疾人联合会提供社区家庭护理服务所需的医疗护理和残疾人康复服务等多方面的支持。

此外，与家庭服务，家庭养老相关的政策还包括：2014 年财政部、发展改革委、民政部、全国老龄办四部门联合发布《关于做好政府购买养老服务工作的通知》，明确了政府购买养老服务的购买主体、承接主体、购买内容和服务标准①。2017 年，国务院印发《"十三五"国家老龄事业发展和养老体系建设规划》②。由此可见，国务院及相关部门宣布了一系列支持家庭护理、家庭养老服务的政策，表明中国已形成家庭护理服务的顶层设计框架。

二、地方政府购买居家养老服务体系已初步建立

在国家各种养老服务政策的推进下，家庭护理服务政策得到了进一步完善，各地出台了相关政策③。2015 年 1 月 29 日，北京宣布了首个地方政府对我国家

---

① 该通知明确购买内容包括居家养老服务、社区养老服务、机构养老服务、养老服务人员培训和养老评估等。根据该通知要求，政府要加强对购买养老服务的组织领导、制度设计、政策支持、财政投入和监督管理。充分发挥市场配置资源的决定性作用，将推进政府购买养老服务与逐步使社会力量成为发展养老服务业的主体相结合，与培育专业化养老服务组织相结合，坚持"费随事转"，通过竞争择优的方式，选择承接政府购买养老服务的社会力量，确保具备条件的社会力量平等参与竞争。该通知要求，各地要根据养老服务的性质、对象、特点和地方实际情况，重点选取生活照料、康复护理和养老服务人员培养等方面开展政府购买服务工作。在购买居家养老服务方面，主要包括为符合政府资助条件的老年人购买助餐、助浴、助洁、助急、助医、护理等上门服务，以及养老服务网络信息建设；在购买社区养老服务方面，主要包括为老年人购买社区日间照料、老年康复文体活动等服务；在购买机构养老服务方面，主要为"三无"（无劳动能力，无生活来源，无赡养人和扶养人或者其赡养人和扶养人确无赡养和扶养能力）老人、低收入老人、经济困难的失能半失能老人购买机构供养、护理服务。

② 该通知明确提出，要"大力发展居家养老服务"，逐步建立支持家庭养老的政策体系，支持成年子女与老年父母共同生活，履行赡养义务和承担照料责任。支持城乡社区定期上门巡访独居、空巢老年人家庭，帮助老年人解决实际困难。支持城乡社区发挥供需对接、服务引导等作用，加强居家养老服务信息汇集，引导社区日间照料中心等养老服务机构依托社区综合服务设施和社区公共服务综合信息平台，创新服务模式，提升质量效率，为老年人提供精准化个性化专业化服务。鼓励老年人参加社区邻里互助养老。鼓励有条件的地方推动扶持残疾、失能、高龄等老年人家庭开展适应老年人生活特点和安全需要的家庭住宅装修、家具设施、辅助设备等建设、配备、改造工作，对其中的经济困难老年人家庭给予适当补助。大力推行政府购买服务，推动专业化居家社区养老机构发展。建立"居家为基础、社区为依托、机构为补充、医养相结合的养老服务体系"。

③ 《四川省老龄事业发展"十二五"规划》《云南省老龄事业发展"十二五"规划》、新疆维吾尔自治区人民政府《关于加快推进社会养老服务体系建设的意见》等；相关服务规范，如《杭州市社区（村）居家养老服务标准》《广州市社区居家养老服务实施办法》《温州市居家养老服务标准（草案）》等；收费标准，如《北京市居家养老（助残）服务指导性收费标准》《南宁市居家养老服务收费标准指导意见》、深圳市民政局发布《深圳市各区居家养老消费券定点服务机构名册及收费标准一览表》。

庭护理服务的监管所对应的法规：《北京市居家养老服务条例》。自 2015 年 5 月 1 日此条例实施以来，北京已在家庭养老护理领域投入 77% 的养老服务专项资金，2015～2017 年，北京市在家庭养老护理方面的财务安排预算分别为 10.12 亿元、10.88 亿元、12.81 亿元，共计 33.8 亿元，为落实该条例提供了保障和资金支持。从 2016 年开始，对资金投入方式进行改革，加强整体流程绩效管理，加强"项目法 + 要素法"在转移支付预算的整体应用，为老年人护理服务分配专门的转移支付预算，调整财政资源，促进北京市巩固其自身的决策和加强整个流程的预算，并加强监督。随后，上海、江苏和广东分别颁布出台了（上海）《社区居家养老服务规范实施细则（试行）》《江苏省养老服务条例》《广东省人民政府关于加快发展养老服务业的实施意见》。各地方政府已经宣布了一系列政策，强有力地支持了家庭护理服务政策。

在各个地区陆续颁布的实施条例细则中，家庭养老作为一种基本的养老服务，一般设定养老保障的门槛，并提出自理能力，空巢老人，经济能力等方面享受养老服务的范围。"养老金门槛"的设置本身就是政府对老年护理服务的界定。这是"有形之手"的延伸，政府的养老金职能如何建立，以及政府为老年人提供公共服务的触角延伸到何处。地方政府普遍建议建立"9073"养老模式。北京提出建立新的"9064"养老模式。北京市民政局于 2015 年发布《北京市养老服务设施专项规划》，计划到 2020 年，90% 的中国老年人将在社会服务的帮助下以家庭为基础，6% 的老年人将通过政府购买社区护理服务。4% 的老年人将由政府集中提供养老服务。截至 2020 年年底，北京市基本完成了此前养老专项规划提出的预定目标。

三、居家养老服务典型经验和地方模式不断涌现

我国的养老服务从 1949 年开始，起初对象是"三无户""五保户"的"补缺式"救助，现如今以"老有所养、老有所医、老有所教、老有所学、老有所乐、老有所为"为目标的服务于全体民众的养老模式，积累了许多经验，取得了巨大成就。下面分别对几种模式进行分析和介绍：

"北京模式"：2015 年 1 月 29 日，北京市率先颁布与养老服务有关的地方性法规《北京市居家养老服务条例》，由过去的北京市政府统一管理转变为"购买服务、引导市场、激活社会"，形成了符合实际特点、切实可行的"北京模式"。例如，助餐食堂体系的设立，解决了老年人，尤其是孤寡老人吃饭难问题，依托养老中心，提升了服务水平和质量，同时多项措施并举，解决了老年人就医难、

用药难的问题，政府雇佣保姆照顾老人，同时政府试点施行跨区养老服务。

"宁波模式"：随着老年人护理需求的不断增长，主要把家居护理服务交给退休敬老协会，通过协会提供家居护理服务，宁波市海曙区已开始寻求用上述方法对老年人通过社会化的方法。服务模式主要为两种："走进来"和"走出去"。"走进来"模式主要是指通过政府购买服务或者设立"志愿者银行"，支持和鼓励一批服务人员进入养老院和老人家里，为老人服务；"走出去"指通过各种老人俱乐部，社区或街道日托中心，为老年人提供放松和护理的场所。除了依靠相应的敬老协会外，海曙区还成立了志愿者招募服务中心，在整个地区招募志愿者，并建立了"志愿者银行"。海州地区的家庭护理服务由政府支持，发挥第三方组织和志愿者的作用，这也是家庭护理服务模式的一个非常重要的探索。宁波市海曙区家居护理模式主要依靠社会人士提供家居护理服务资源，这体现在三个方面：首先，非营利性的组织，如志愿者，在家庭护理模式中发挥着重要作用。海曙区向非营利性的海曙区星光敬老协会进行捐赠，将社会福利服务中心移交给海曙区星光敬老协会进行运作，社区成为老年人的服务站。其次，志愿者和志愿者团队在家庭护理服务中发挥着不可或缺的作用。海曙区在实施家庭护理服务的过程中，建立了"志愿者银行"，当地居民成为志愿者，为需要接受服务的老年人提供服务。最后，社区利用福利彩票收入和社会慈善捐款来发展家庭护理服务。政府使用部分福利彩票收入来发展家庭护理服务。

"静安模式"：从在 20 世纪 80 年代起，上海开始探索并实行基于政府采购的家庭护理服务。政府鼓励社区建立家庭护理服务，通过政府预算提供财政补贴，制定不同的服务标准，并为不同类型的老年人提供不同类型的老年护理服务。上海是一个相对成熟的市场，有相对健全的社交社区和疗养院系统，以及在市场上购买的优势。通过市场购买服务，老年人可以用很少的钱享受高水平的服务。上海家庭护理服务的最大特点是在提供产品和服务方面发挥最大化市场优势，并且积极追求以市场为导向。"市场化"模式主要体现在两个方面：一方面是理念，为了在公平原则下追求服务运作的效率，上海家庭护理服务中心根据老年人的身体状况，为老年人提供人事档案的集中管理和分类管理。对于具有不同经济能力的老年人，可以享受不同程度的老年人服务。另一方面是运营，社区与市场实体签订合同，为市场参与者提供适当的服务和补贴以及税收减免。通过市场购买服务，老年人可以用很少的钱享受更高水平的服务。

"鼓楼模式"：南京鼓楼区的居民养老服务中心是由政府的购买和财政支持，社会组织管理，老人受益的新型创意服务中心。社会组织和政府是服务网络的两个重要的部分，社区的参与模式可以分为非竞争性和竞争性参与两部分。第一部分是非竞争性参与——项目委托。在非竞争性参与的这一部分中，整个服务被整合成一个项目，而区政府是买方（即项目发包商），每年通过年度预算投入一定数额购买家庭护理服务。养老服务中心作为项目承办方，组织了一个专门的护理团队，为满足困难条件的老年人（从政府到机构列出）提供免费服务（免费向老年人提供，实际费用由政府支付）。为购买服务的老年人提供价格低、质量高的服务（每小时工资只有 10 元，远远低于一般劳动工业的收入，所以具有福利成分在内）。第二部分是竞争性参与——慈善事业。近年来，鼓楼区民政局率先推出了一项社会养老服务新举措：积极推动慈善项目并在许多社会组织的公开招标。在这个阶段，大多数都是数万元的小规模项目，并且根据工程量，设置一定数量的资金来执行具体实施并分配给中标者让他们去完成。凭借丰富的专业知识、经验和高品牌声誉，居民养老服务中心在与该地区其他社会团体的竞争中具有很强的竞争力，并赢得了许多项目资格。

四、互联网等新一代信息技术促进居家养老服务发展

2007 年，全国首家"虚拟疗养院"——家庭护理服务中心诞生于苏州姑苏区。虽然老人住在家里，但不是接受传统的家庭护理，而是由社区社区提供全方位的服务，如同在疗养院一般。"虚拟疗养院"是一个虚拟床，实际服务的一种新型的家庭式职业养老模式，政府已经建立了一个为老年人提供老年人服务的信息服务平台为老人提供所需的服务。虚拟疗养院的好处是：首先，它可以减少老人申请养老院住院难的难度，减轻养老院设施缺乏的压力。其次，老人在自己的家中不必离开熟悉的生活环境，也能得到专业人士和医师的护理，使得生活幸福指数有很大提高。最后，老年机构的生活较为刻板，而家庭中老年生活行为自由度更大。当老年人需要服务时，只需给信息服务平台拨打电话号码，信息服务平台会根据老年人的要求派服务公司员工提供服务，同时监控服务质量。该平台提供的服务包括家庭洗衣、家庭烹饪、水电修理、医疗和文化娱乐。"虚拟养老院"实现了家庭老年人的专业化，被称为"没有围墙的养老院"。虚拟疗养院同时结合并具备了家庭养老和机构养老的好处：老人不离开熟悉的家庭环境或不用占据养老院的床位。虚拟疗养院通过电话和网络等信息管理系统接收家中老人的需求指示，服务于老年人，如生活护理、水电修复、文化娱乐和精神护理。提供大量具体而又实际的内容。因此，老年人可以享受便利的在家现场服务。此外，虚拟养老院的存在还可以降低政府养老的成本，减轻老人子女看护老人的负担，提高老

年人的生活质量，促进老年产业的发展。因此，预计这些类型的老年护理疗养院将成为未来老年人养老发展的新主流。虚拟养老院事业蓬勃发展，沈阳、兰州、西安等多地已经先后建立并运行了虚拟养老院，为老年人提供养老服务便利①。

第二节　政府购买居家养老服务存在的主要问题

一、政府购买居家养老服务资金供给不足，受惠面较窄

目前，尽管地方政府全面覆盖城市社区家庭护理，但是由于政府投资不足，使得政府购买家庭护理服务的门槛较高。老年人服务的受益面很小，仅限于"三无"老年人、有特殊困难老年人、高龄老年人、孤寡或空巢老人、需要特殊照顾对接对象、市级劳动模范以及其他为社会做出突出贡献的且生活特别困难的老年人。根据南京鼓楼区 2009 年的数据，无薪，有偿和低收入老年人数超过 5000人，占 60 岁及以上老年人总数的 5.3%。每个政府购买家庭服务的政策性文件和实施过程中的指导意见指导性不强，并且没有具体的实施细则，因此一旦在每个职能部门实施该政策，分工就变得不明确，协调变得较差，没有统一规划筹措。

----

① 2017 年发布的《四川省"十三五"老龄事业发展和养老体系建设规划》，四川省未来的"养老蓝图"里就包括借助互联网技术建设"虚拟养老院"等相关内容。"虚拟养老院"是对居家养老和机构养老这两种传统模式的创新和突破。其一，它结合了二者的优点，老人足不出户就能享受到专业的养老服务和保障，也为社会节省了兴建养老机构所需的经济成本和土地资源。其二，它借助"互联网＋"的新技术手段，能让传统养老升级为"科技养老""智慧养老"新模式，能及时为老人提供必要的医疗保护、社交需求保障和情感呵护等。而且，随着科技水平的不断提升，老人甚至可以得到个性化的保障性服务，而这依赖的是大数据技术而非繁重的人力资源，这也很有希望降低养老的成本，让更多老人不需要付出高昂的经济代价，就能享受到高质量的服务。西安市也在 2018 年全面启动了虚拟养老院计划，借助虚拟养老院平台的功能，实现对各类养老服务机构、家政服务机构、为老服务机构等资源的整合，为老年人、家属子女提供真实可靠的社会养老服务模式，实现真实可靠的床位到家、机构到家、服务到家的社会养老服务模式。通过社会保障资源的有效对接，实现线上虚拟定制、线下真实体验的社会养老服务模式。虚拟养老院"服务内容包括：入户评估、护理服务、护理陪伴、代购代买、配餐送餐、医疗服务（含应急、康复护理）、适老化改造、巡查服务、家政服务、临终关怀、法律服务、文体服务、精神心理关怀和陪伴服务等内容。在收费模式上采取了对低保户老人、城镇"三无老人"、特殊家庭老人、空巢独居老人等人群进行政府兜底服务；对低收入家庭老人、"空巢"等老人进行补贴服务；60 周岁以上需要社区、服务机构和服务人员提供养老服务的老年人进行市场化收费服务。"虚拟养老院"床位管理上利用"互联网＋智能化养老服务管理平台及智能养老信息化管理平台"，建立健全老人档案，全面录入在院老人的信息。包括基本信息、健康信息、评估信息、护理信息、家属信息、费用信息、餐饮信息、用药信息、医护信息、床位分布、床位变更、费用管理等。由此看来，"虚拟养老院"依托"互联网＋"平台网络，构建"互联网＋养老"的政府购买居家养老服务新模式。

一方面，政府对社会组织的选择主要是招标方式完成，这种方法的缺点是缺乏竞争力，很难找到高质量的地方资源。此外，这种传统的"委托—代理"关系模式本身也存在不平等的沟通问题，所有养老服务的内容和调理都是由政府决定，服务的定价体系也是由政府决定，对实际工作缺乏准确而又具体的分析。另一方面，政府购买家庭护理服务的方式是单调的。政府购买的大部分养老金服务都是投入个人或者组织机构上面，而这些组织机构刚刚开始运营，并没有丰富的经验，一般都是小而缺乏竞争力的，基本上都是走一步看一步。私人养老机构都由政府机构组织，严重依赖政府，容易形成垄断。另外，政府在社会组织机构中投入大量资金，负责培训承担其他社会养老机构所需要担任的责任，但是并没有对其绩效进行量化测评，从而缺乏竞争。从长远来看，这些单一的社会组织形式很可能形成垄断，难以展开有效真实的依赖于市场的活动，这是对家庭护理服务发展的制约。政府投资了一个规模较小的家庭养老模式。在某些地区购买家庭护理服务的做法表明，由于政府资金不足，同时家庭护理机构需要支付一大笔资金，从而社会组织机构经营困难。与此同时，社会组织机构也非常依赖政府机构提供资金，因为它们是由政府机构购买提供的，政府资本投资依赖财政收入，公共福利基金和社会的捐赠。由于运营完全依赖政府的购买力，而社会组织机构又缺乏主观能动性，政府的公共财政压力过大，资金链问题将发展发展整个家庭护理服务政府的瓶颈。一旦政府资金出现问题，则无法继续大范围推广购买家庭护理服务。

二、居家养老服务社会组织薄弱，供给侧效率较低

在"大政府，小社会"模式中，参与家庭护理服务的民间组织的身份变得不一致。关于老年人护理服务，社会团体可以根据他们是否注册（有或没有许可证）分为三类。第一类是具有政府官方背景的非纯粹民间团体，如红十字会、老年人基金会和家庭护理服务中心。第二类是在民政部登记，有社会组织，商业监督单位和私营非企业单位，如老年合作社、养老金福利协会、老年人协会等。第三类是因为不符合某些规定从而未在民政局登记的非政府组织，如志愿服务组织和老年人兴趣小组，这一类服务组织机构不仅没有资格参与政府购买的家庭护理服务的招标，而且还没有有资质，无法参加公司法人资格认证。可以想象，这类机构在社区中进行服务活动的组织很难得到社会认可，并且很难在早期阶段推广家庭护理服务。人们认为只有政府才是合法组织机构的法定代表，所以政府组织机构提供的服务被认为更可靠。在调查老年人的意愿和服务需求时，首先应当联

系当地社区委员会，了解社区老年人的基本情况，并在当地居委会的指导下进行。通过采用问卷和调查家庭方法，最后通过调查问卷的结果设计护理服务。如果没有正式政府背景的工作人员，合作社机构人员的问卷将在上门拜访时遭到拒绝。私营部门内部的结构差异往往导致各级资源的获取和流动方面存在差异。不同民间社会组织在发展不平衡，在社会政治和经济影响及地位方面存在差距。同样提供社会福利服务的相似组织面临非市场竞争环境，结果差异巨大。由于行政层面，社会资本准备和组织优势，具有政府导向的民间（或者官办）组织与其他民间组织相比，具有更为强大的政策支持，充足的资金资源和无可比拟的优势。政府采购服务的合同外包是一种官商或者官民之间的关系而不是市场竞争，其中许多包办双方是相互熟悉的，这是一种违反合同的采购模式，协议签署违背了主题独立和程序公正原则。真正的政府需要购买公共服务，过程是首先宣布所购买服务的价格和数量，启动公平竞争性招标，并建立一个独立的第三方监督管理机构来评估和监督。然而，这些组织本身就是从计划经济体制向市场经济体系过渡的过程中形成和发展的，由各级政府建立或由强大的公共机构转变而来。人员和资金的来源等或多或少受到政府部门的影响和管理。这种只对上级负责的操作机制不能保证家庭护理服务的高效率和低成本。它还使监管和评估机制出现纸面化现象。非营利组织和非政府组织等各种社会服务组织在老年服务专业化方面的社会化原本是这些组织的优势，现在却成为劣势。政府需要结合购买家庭护理服务和培养老年护理服务。这是政府购买服务的重要环节之一。魏倩倩（2017）对非营利组织和非政府组织等社会组织参与购买政府家庭护理服务的"角色困境"进行研究，文章以南京市鼓楼区的老年人护理服务为例进行探讨，反映了这类非政府机构自身薄弱的组织能力和政府依附的不完全自主和非市场化问题，这也是中国社会组织发展的共同问题。不完全自治，这也是中国社会组织发展中存在的一个普遍问题。

在家庭护理服务的多方面合作模式中，组织和政府的社会地位不平等，有时候政府部门缺乏契约精神。社会组织在提供家庭护理服务的过程中具有半固定性和附加性的特征，这也直接导致为老年人提供护理服务的效率低下。由于缺乏契约精神，政府部门直接通过"信任"或"授权"方式进行服务购买，并不遵循市场导向的方法，破坏了竞争原则。导致服务效率低下。根据2014年中国老龄办发布的《十城市万名老年人居家养老状况调查》显示，"缺乏资金"是我国居家养老服务机构运营过程中面临的首要难题，有超过四成的受访居家服务机构认为融资问题严重制约了自身发展。

三、养老服务专业人才严重不足，需求侧服务质量难以保障

家庭护理服务专业护理人员的问题是制约我国家庭护理服务发展的一个重要瓶颈之一，护理人员规模小，平均年龄大，整体专业素质差，文化水平低问题很常见。在财政和社会支持下，开发家庭护理服务需要专业服务人员和专业管理团队，以确保务组织团队的可持续运营。由于民间社会成员没有明确的社会保障政策与之相支持，民间社会组织工资水平最低，最终导致了服务团队建设进退两难。从人员结构的角度来看，目前参加家庭养老的民间社会组织几乎没有全职工作人员和专业人员，另外，具有官方背景的民间社会团体，很少有编制，通常只有 3 ~ 5 人有编制。其他民间社会团体大多数原始创始人仅基于他们对行业的热情支持，他们都扮演了管理的角色。必要的服务人员只能从社会进行招聘。中国传统的概念认为服务业是服务人的行业，服务人员的社会声誉普遍不高；家庭护理服务是一种社会福利活动，服务人员收入仅能养家糊口，与其付出不成比例。因此很难吸引，激励和留住具有服务能力的人才。受资金投入等因素影响，社会群体对养老服务人员的职业培训关注较少，公益岗位的工资一般较低，这使得专业人员在养老服务领域的流动性增加，最终使得家庭护理服务的整体质量处于较低水平。张旭升、张孝廷（2012）根据调研指出，政府参与购买家庭护理服务的服务人员的小时工资低于劳动力市场的一般人员。补贴家庭，家庭护理和集体归属仍然是服务人员选择家庭护理服务的内部需求原因，而工作保障，环境稳定和社会保障改善是选择该职业的外部原因。

据估计，按照 3 : 1 的护理服务配置，基于 4000 万残疾、高龄老人，护理人员需要 1000 多万人。目前护理人员短缺，有护理人员的资格证书的不到 10%，养老院的大多数护理人员集中在 40 ~ 50 岁的人群中，大部分教育水平都在初中以下，来自农村地区，提供的服务相对粗放。据统计，由于全国只有 10 多所的大专院校开设护理专业人才专业，因此很难满足市场需求。现有家庭护理服务的大多数服务人员都是从农村地区招聘的，另一部分是来自城镇较为困难家庭的"4050"人员。在提供老服务人员缺乏物质和精神双重激励方面下，提供老年人护理服务的人员由城市"4050"下岗人员、农民工、家庭妇女、健康老年人和有能力的残疾人构成。他们可以做基本的家庭护理工作，并可以在训练后进行简单的医疗护理。但是，他们大多没有接受过专门的知识教育，教育水平普遍不高，没有专业护理服务知识培训，对老年人生活习惯认识不足，尚未对服务技能、服务内容有着完善的定位。缺乏人力资源对民间社会组织更多地参与家庭护理服务，扩大服务范围和提高服务质

量产生深远阻碍，严重影响和限制民间组织的可持续发展。他们中的大多数人都热情高且忍耐力强，但他们没有接受过正规系统的专业培训，没有工作资格，缺乏服务技能，尤其在解老年人的生理和心理需求方面不够深入，从而影响了服务水平和质量。此外，家庭护理服务人员没有明确的职业特征，经济收入和社会地位低，养老服务本身存在风险，很难得到老年人的满意，因此很难吸收专业的康复人员并确保留下关键骨干人员，从而能够建立一支稳定而称职的服务团队。

四、居家养老服务券制度出现道德风险，需求侧财政补贴效率较低

从全国看，浙江省、福建省和深圳市等地区长期探索居家养老服务券制度，持续推进和完善相关制度文件，探索出独具特色的居家养老模式，但在制度实施过程中，浙江省绍兴市、福建省福州市等地区出现过一些违规现象。以浙江省绍兴市为例，《浙江省绍兴市居家养老服务券管理办法》明确规定，居家养老服务券仅能用于老年人理发、餐饮等专门用途。购物券不可以兑换现金。但是根据相关研究和采访，绍兴市上虞区的居民反映，原来为老年人好心设计的购物券却变成了麻烦。有的居家养老定点服务机构存在非法操作，此类事情也出现在其他一些地方。居家养老服务券原本是对老人一种关怀，但是现在有的居家养老机构和商家勾结套现，以增加管理费的形式让老年人手中的居家养老服务券价值缩水。这不仅违反了政府发放养老券的初衷，而且还大大降低了老年人护理服务的满意度，老年人的不满和抱怨，甚至抵触这类养老券。这不利于和谐社会的构建。养老券没有发挥作用的原因包括：首先，发放养老券的方式太随意了。在养老券试点期间，没有统一规定其形式究竟是"凭证"还是"卡"。调查结果发现，服务卡和服务券在同一区的同一个街道均有发出，同一时期有"卡"用于更换"件"，也有"件"更换成"卡"的，没有统一。其次，老年券找零非常困难，老年人会选择1元、2元和5元等小型票券。从而导致居委会自行销毁许多大面额券。再次，服务券不能跨越时间和空间进行消费和结算。在这种情况下，如果在石景山区有一个朝阳区户籍的老人，他享受政府提供的养老金服务，因此他的朝阳区老年券不能在石景山区使用。在现如今人们流动快速的情况下，北京具有同样情况的老年人数目也在增加，使得人所在地与户籍不统一的老年人使用服务券非常不方便，因此服务券的功能大大减少，充分利用率大打折扣。另外，服务券不能跨期使用，而有些老人年初不打算花这笔钱，导致年底服务券余额很大，服务券会在年底被突击消耗，从而在养老保险制度中没有起到很好地发挥作用，它造成了许多资源的浪费。最后，服务票的发行也是过于"平均"。例如，根据

规定，服务券标准为 50～250 元，但不全面考虑几个特殊问题，发行标准统一，过于简单。家庭养老券可用于改善老年人的生活质量，因为它属于有用的老人福利，从而提高老年人的生活水平，但养老券是否真的能达到其设计的最初目标，这值得考虑。对于非常贫困的老年人来说，一定数量的服务券基本上是徒劳的，而且很难有效地改善老年人的生活质量。对于生活比较富裕的老年人来说，与机制设计的初衷相反，他们并不能够很好地体验养老券的价值。对于养老券市场而言，首先，服务提供商的市场准入还不够明确。目前，老年护理服务的签名服务提供商已达到一定规模。但从现有政策来看，哪些类型的商家可以成为合同服务提供商，如何监控和评估这些商家提供的产品和服务，服务质量低或商品不合格的商家是否应取消合同等等。到目前为止，系统设计尚未涵盖这些问题。由于没有统一的规定，每条街道都根据他们自身的情况与商家联系，这可能令市场产生混乱。其次，服务提供商存在着低买高卖获利现象。在实际操作过程中，一些服务提供商可能以折扣价违规收购老年券，然后根据服务票面额度完全兑换现金，从中受益，但是损害了养老券系统的严肃性。最后，合同服务提供者的服务与老年人的需求分开。在访谈中，有些领域的家庭护理服务外包给国内的一些公司，有时候服务项目是单一的，有些是专属的服务，从而不会促使服务质量改善。

五、居家养老服务方式和内容不全面，缺乏有效的财政激励

在各地进行的家庭养老规定的服务和项目中，主要包括提供生活护理、家政服务、康复护理、心理安慰和临终关怀。但事实上，由于服务机构和人员是有限的，大多数老年人因为护理人员的技能受限而只享受日常生活、护理和家政服务，而残疾人和高龄老年人的康复和特殊护理服务少之又少。尤其是老年人仍然缺乏高度个性化的服务项目来满足他们的需求，家庭护理服务的内容与老年人的需求之间存在差距。主要以生活保健护理为基础，服务在心理精神和保健护理方面的比例较低，服务效率和水平不均衡。大多数地区只有家政服务，发达地区有政府服务助理，但缺乏康复护理、医疗和心理安慰等服务。上门服务是家庭养老服务的主要形式。以海口市为例，家庭护理上门服务是主要形式，服务内容和项目包括生活护理、家政服务、康复护理、心理安慰和临终关怀。但是，由于服务人员技能的限制，海口市现在能够提供的服务仅为最日常的护理和家政服务，而针对残疾人和高龄老年人的康复，特殊护理和其他心理安慰的个性化服务少之又少。根据老年人的需要，目前家庭护理服务市场提供的产品主要包括生活护理服务和护理服务，但是服务项目也非常缺乏。2008 年数据显示，现实中提供的家

庭护理服务的内容和质量远低于老年人对实际服务需求的期望。从实际市场提供的家居护理产品来看，家政服务满意度最接近其需求率，而护理服务，心理慰藉服务和援助支出服务的数量远远低于需求率。这表明家庭护理服务市场中的产品类型相对简单，并且未满足对老年人的各种多样化服务的需求①。针对这种情况，政府应加大对多样化养老需求的激励力度，在设计财政激励方案时，充分考虑多样化服务的需求，加大"居家养老服务种类数"的指标权重，这样才能从财政激励角度丰富居家养老服务内容。

第三节　政府购买居家养老服务问题的深层次原因分析

一、政府购买居家养老服务财政资金补助方式亟须改善

政府对家庭护理服务的补贴存在规模小和结构不合理等问题，在资金供给过程中往往遵循"平均主义"原则，使参与居家养老服务的社会组织和服务企业之间没有竞争，做好做坏都会得到政府一定额度的财政资金补贴，不利于发挥社会组织和服务企业参与居家养老服务的积极性，由于政府的财政补贴资金除了会对社会组织和服务企业一次性补贴，更多的时候，政府还会为这些社会组织和服务企业的人员薪酬甚至日常运行经费买单，如此，政府通过购买居家养老服务的支出成本比自行负担的成本还要高，中间还增加了社会组织和服务企业的相关成本，有悖于政府购买居家养老服务的初衷。社会组织和服务企业更不会主动了解服务对象老年人的需求，从需求侧改进自己的工作，而且容易产生社会组织和服务企业的寻租，比如出现养老服务券的道德风险等。此外，家庭护理服务的补贴水平很低，这种补贴标准大大降低了家庭护理服务的质量②，而根据服务的实际

---

① 据 2008 年全国老龄工作委员会办公室发表的《我国城市居家养老服务研究》中的数据显示，老年人居家养老服务需求中，家政服务占 25.22%，满足率达到 22.61%；护理服务占 18.04%，满足率为 8.3%；精神慰藉需要聊天解闷的占 13.79%，满足率为 3.16%；援助服务占 2.25%，而满足率为 0。

② 以上海市为例，根据上海市的政策文件规定居家养老服务补贴标准为人均 300/月，专项护理补贴标准为中度人均 100 元/月，重度人均 200 元/月。加总起来的话，居家养老服务补贴标准是，轻度人均 300 元/月，中度人均 400 元/月和重度人均 500 元/月，80 岁以上月养老金低于上海市城镇企业月平均养老金的独居或纯老家庭中的老年人，政府只负担 50% 的资金补贴，即轻度人均 150 元/月，中度人均 200 元/月和重度人均 250 元/月。比较 2012 年人均补贴水平 2302 元，折算成月度数据为人均 192 元/月，未达到规定的补贴标准水平人均 300 元/月，这其中的原因可能在于政府负担 50% 资金补贴的老年人比重远高于全额资金补贴的老年人比重，也就是说纳入全额资金补贴的老年人比重非常之小。并且，居家养老服务收费标准 8.5 元/小时还低于 2012 年上海市最低小时工标准调整为 12.5 元/小时。

情况，政府资助的家庭护理服务主要用于生活护理。如果考虑到家里老年人更迫切的医疗需求，这个补贴标准实际是下降的。财政资金的供给无效率导致政府购买居家养老服务的无效率。

二、政府购买居家养老服务绩效评价体系亟待构建

评估政府购买家庭护理服务的绩效同时受到共同性和个性的影响，量化一些老龄化服务指标存在一些操作上的困难。其评价程度取决于老人主观情绪，难以用统一的指标或者个别指标标准加总的方法进行评价，用于评估老人服务评估或服务目标、服务的真实程度很难表达真正的服务质量。这些是一般绩效评估中的常见的问题，即使在高级绩效评估中也存在个别问题。绩效评估体系侧重于老年人护理服务"消费者"的满意度评价程度，并向全社会公布结果，政府选择老年人护理服务主题，承接老年人护理服务项目并为其购买做好预算准备。建立进入和退出机制，建立健康的动态竞争调整机制，提高财政资源的使用效率。通过分析政府管理的养老服务管理方法和各地区发布的指导意见，政府通常从宏观到微观多层次目标定性选择购买家庭护理服务。一方面，政府购买家庭护理服务，涉及政府部门，社会团体，行业团体和享受服务的老年人；在政府内部，它还包括财政、税务、发改、商务、统计等相关部门，包含所有家庭护理服务在内的参与者的表现水平评估非常困难。在提供家庭护理服务时，相关实体的社会、经济和政治利益会有所不同，因此每个实体的服务绩效综合起来很难作为一个多方面的指标在绩效评估指标体系中得到全面反映。

三、政府购买居家养老服务财政激励机制亟须优化

政府财政对社会组织参与居家养老服务的补给激励不够，导致社会组织和市场部门参与居家养老服务的动力不足。政府相关的财政补贴占居家养老服务补贴的半壁江山，一般占比50%以上，且正在逐年增加。虽然政府补贴能够一定程度上补偿市场化机构在居家养老服务方面各类支出，可以有效保证居家养老服务早期的工作正常运行。但随着时间的推移，政府财政负担将增加。在居家养老服务社会化的大趋势下，这部分资金应及时转变补贴方式，优化补贴结构，厘清公共服务与市场化服务的边界，逐步减轻政府的负担。在竞争激烈的环境中，只有当收入和支出之间的相互平衡，或者为社会提供服务的团体略微盈余时，具有自主和独立管理技能的社会组织才能长期高效运作下去。

第三章 政府购买居家养老服务财政资金补助机制理论研究

政府购买居家养老服务主要的财政资金供给机制分为两大类：一是"供给侧补助"方式；二是"需求侧补贴"方式，这两类财政激励方式的作用机理和路径并不相同，需要分别研究两种激励方式的作用机理。

第一节 政府购买居家养老服务"供给侧补助"方式的作用机理

一、同质性社会组织和服务企业①的补助机制

对同质性社会组织和服务企业的"供给侧补助"机制研究我们使用锦标赛模型进行分析。锦标赛的补助机制是有条件的，仅仅在某些情况符合时具有有效性：第一，当个体的努力不可能被精确地推断或者被测量；第二，代理人之间无法进行合谋或者破坏的情况（Lambert A. Ihebuzor, Noel A. Ihebuzor, 2016）；第三，锦标赛团队具有外部性，激励下的产品产出是不可分割的（Michelle Brown, Peter Chingos, ohn S. Heywood, 2002）。我国参与老年人服务的社会组织和服务行业之间达到独立和分割的条件。因此，只需要考虑财政奖励补贴机制对参与居家养老服务的服务企业和社会组织所对应的当期的努力水平所造成的影响，而不用考虑跨期的动态锦标赛情形，其原因在于，跨期模型中地方政府会考虑"平衡效应"，从而削弱，但完全抵消锦标赛中参与居家养老服务的服务企业和社会组织所努力的程度。

本书在兰伯特等（Lambert et al., 1981）、布朗等（Brown et al., 1983）的模型基础上进行相应的扩展，本书有两个假定：

---

① 本书中同质性和异质性表现在参与居家养老服务的社会组织或服务企业的初始禀赋差异。

假定1：参与居家养老服务的服务企业和社会组织在争取财政奖励与补贴资金方面是不带有风险偏好的；

假定2：随机误差项 ε_i 密度函数为期望为0单峰分布。

我们选取两个有代表的服务企业或社会组织。Y_W 表示向参与居家养老服务的服务企业或社会组织转移支付的财政补贴资金，Y_L 表示参与居家养老服务的服务企业或社会组织对应的一般性运营资金，$\Delta Y = Y_W - Y_L$，$\Delta Y > 0$。$Q_i = \mu_i + \varepsilon_i$，$Q_i$ 表示参与居家养老服务的服务企业或社会组织企业对应的努力产出，μ_i 为参与居家养老服务的服务企业或社会组织的努力程度，ε_i 为误差项，$i = 1, 2$。

$P_i(\mu_1, \mu_2)$ 为参与居家养老服务的服务企业或社会组织 i 所争取的财政补贴资金的概率，令 $V(\mu_i)$ 为参与居家养老服务的服务企业或社会组织努力所付出的成本；$U(Y)$ 表示参与居家养老服务的服务企业或社会组织由于财政补贴资金产生效用，因此有：

$$U'(Y) > 0, \ U''(Y) \leqslant 0, \ V'(\mu_i) > 0, \ V''(\mu_i) \leqslant 0$$

故参与居家养老服务的服务企业或社会组织 i 的期望效用函数为：

$$W = PU(Y_W) + (1 - P)U(Y_L) - E[V(\mu_i)]$$

上述方程的均衡解为：

$$[\partial P_i(\mu_1, \mu_2)/\partial \mu_i]\Delta U - V'(\mu_i) = 0,$$
$$[\partial^2 P_i(\mu_1, \mu_2)/\partial \mu_i^2]\Delta U - V''(\mu_i) < 0,$$
$$\Delta U = U(Y_W) - U(Y_L) > 0$$

当参与主体模型具有同质性时，居家养老服务提供更多的服务企业或社会组织可以获得更高的财政补贴资金，参与居家养老服务的服务企业或社会组织"胜出"的条件为：

$Q_1 > Q_2$，即 $\mu_1 + \varepsilon_1 > \mu_2 + \varepsilon_2$

在 ε_2 给定情况下，上述条件发生的概率为：$1 - G(\mu_2 - \mu_1 + \varepsilon_2)$，其中，$G(\cdot)$ 表示 ε_i 累计概率密度函数（CDF），$g(\cdot)$ 表示对应的概率密度函数。

因此，$P_1(\mu_1, \mu_2) = \int [1 - G(\mu_2 - \mu_1 + \varepsilon_2)]g(\varepsilon_2)\mathrm{d}\varepsilon_2$

根据 Nash – Cournot 假定，存在对称均衡解，参与居家养老服务的服务企业或社会组织1对参与居家养老服务的服务企业或社会组织的最佳反应函数。

从上式可知，如果 μ_2 为连续函数且 μ 足够大①，参与居家养老服务的服务企

---

① 需要注意的是，在 ε_i 的拐点处存在间断点，μ_2 和 μ_1 有可能呈反向关系，不存在对称均衡，此时模型可能处于非纯策略均衡、非对称均衡或者多重均衡状态。

业或社会组织将会增加工作努力程度，参与居家养老服务的服务企业或社会组织也随之增加，因此模型的纳什均衡解为：

$$\left[\partial P_1(\mu_1,\mu_2)/\partial\mu_i\right]=\int g(\varepsilon_2)g(\varepsilon_2)\mathrm{d}\varepsilon_2=\bar{g}>0$$

其中 $\bar{g}=E\left[g(\varepsilon_2)\right]$

因此，在纳什均衡条件下，参与居家养老服务的服务企业或社会组织可以通过投入更多的努力水平，从而获得和增加财政补贴资金的可能性。

二、异质性社会组织和服务企业的补助机制

由于社会对参与居家养老服务的服务企业或社会组织的能力信息了解并不很高，因此在选择相应的合作服务机构时，政府部门无法对具有异质性的服务企业或社会组织进行有效判定和配置。这里我们用 a、b 代表参与居家养老服务的服务企业或社会组织的异质性的值，其满足 $V_a'(\mu)<V_b'(\mu)$，即 a 水平下服务企业或社会组织的能力或处境高于 b 水平下的服务企业或社会组织，同时我们假设 a 水平的服务企业或社会组织对应的权重为 α、b 水平的服务企业或社会组织权重为 $1-\alpha$，P_a^i 是服务企业和社会组织 i 与 a 水平下服务企业或社会组织相比较从而"胜出"的可能性，P_b^i 为参与居家养老服务的服务企业和社会组织 i 与 b 水平参与居家养老服务的服务企业和社会组织相比较从而"胜出"的可能性，因此，类型 i 的参与居家养老服务的服务企业和社会组织所对应的期望效用为：

$$\overline{U(Y_L)}+\left[\alpha P_a^i+(1-\alpha)P_b^i\right]\left(\overline{U(Y_W)}-\overline{U(Y_L)}\right)-V_i(\mu_i)$$

因此参与居家养老服务的服务企业和社会组织 i 的"混合努力水平"所对应的一阶条件（FOC）为：

$$\left[\alpha\frac{\partial P_a^i}{\partial\mu_i}+(1-\alpha)\frac{\partial P_b^i}{\partial\mu_i}\right]\left(\overline{U(Y_W)}-\overline{U(Y_L)}\right)=V_i'(\mu_i)$$

均衡状态下，位于 a 水平下参与居家养老服务的服务企业和社会组织满足：

$$\left[\alpha\int g(\varepsilon_b)g(\varepsilon_b)\mathrm{d}\varepsilon_b+(1-\alpha)\int g(\mu_b-\mu_a+\varepsilon_b)g(\varepsilon_b)\mathrm{d}\varepsilon_b\right]\overline{\Delta U}=V_a'(\mu_a)\cdots$$

$$(1)$$

对于 b 水平下参与居家养老服务的服务企业和社会组织满足：

$$\left[(1-\alpha)\int g(\varepsilon_a)g(\varepsilon_a)\mathrm{d}\varepsilon_a+\alpha\int g(\mu_a-\mu_b+\varepsilon_a)g(\varepsilon_a)\mathrm{d}\varepsilon_a\right]\overline{\Delta U}=V_b'(\mu_b)\cdots$$

$$(2)$$

当参与居家养老服务的服务企业和社会组织的类型未知时，通过上述均衡

状态无法获得准确的均衡解，因此我们通过最大化居家养老服务对应的产出值，间接地计算均衡状态下 α 值。在异质性情形下多参与主体的锦标赛机制中，各个水平参与居家养老服务的服务企业和社会组织进行匹配和比较，$a - a$，$a - b$，$b - b$ 的概率分别为 α^2，$2\alpha(1-\alpha)$，$(1-\alpha)^2$。因此，居家养老服务产出期望值为：

$$2\alpha^2\mu_a + 2\alpha(1-\alpha)(\mu_a + \mu_b) + 2(1-\alpha)^2\mu_b = 2[\alpha\mu_a + (1-\alpha)\mu_b]$$

$$\max_{\mu_a, \mu_b} 2[\alpha\mu_a + (1-\alpha)\mu_b] \text{ s. t. （1）和（2）}$$

可以解得：$\alpha^* = \dfrac{1}{2}$。所以，当 $\alpha < \dfrac{1}{2}$ 或 $\alpha > \dfrac{1}{2}$ 时，异质性服务企业和社会组织对应的锦标赛机制的均衡解为 $\mu_b^* < \mu_b$，$\mu_a^* < \mu_a$，在这里，μ_b 和 μ_a 分别代表同质性情形下服务企业和社会组织在锦标赛机制下的纳什均衡解。因此，在混合锦标赛机制下，两种不同类型的服务企业和社会组织对应的努力程度均会出现下降态势，逐渐处于低效率的状态情形，因此存在帕累托改进，这是"负激励"模式的一种。

除了异质性导致的扭曲之外，在应用过程中，锦标赛机制的激励效应会受到来自各个方面的严格条件制约，例如参与居家养老服务的服务企业和社会组织的考评绩效指标体系不健全，不完善，导致了结果并不是充分完全统计量，同时，政府部门基于平均主义的考虑，也会适当削减锦标赛机制产生的激励效果，因此我们认为上述机制为"弱锦标赛机制"。

三、结论

综上，在实践中，同质性社会组织和服务企业可以通过投入更多的努力水平增加获得财政资金的可能性，社会组织和服务企业要得到财政资金支持就必须付出更多努力，这有利于增强竞争，从效率角度，同质性社会组织和服务企业的"锦标赛"机制有效。而对于异质性社会组织和服务企业，由于受客观信息不对称影响存在"负激励"，投入不一定会得到相应的财政资金支持，在这种情况下，社会组织和服务企业会选择"低"效率状态来获得平均的资金补贴额度，在实践中，更多的是异质性社会组织和服务企业之间对财政资金的竞争，在竞争机制不充分的情况下，不能任由这种"负激励"导致的低效率存在，因此，必须设计科学的绩效评价体系才能增强对参与居家养老服务的社会组织和服务企业进行有效甄别和配置。

第二节 政府购买居家养老服务"需求侧补贴"方式的作用机理

一、政府购买居家养老服务"需求侧补贴"方式理论分析

各地采用居家养老服务券等形式从需求侧实施财政补贴政策，向符合条件的老年人发放居家养老服务券本质是属于"凭券制"。凭券制（voucher）是财政补贴的形式之一。凭券制这一政策工具目的在于允许"选择"（Denis P. Doyle，1984），养老券也不例外，在养老服务领域，养老券的接受者可以同时选择买什么服务和到哪里买服务，养老券本质上是政府部门通过财政补贴，将一部分权利让渡给家庭部门的老年人。现代凭券制有三个广泛接受的分类。

（一）自由非监管型凭券制

1. 理论机理

诺贝尔经济学奖获得者弗里德曼在《资本主义与自由》（*Capitalism and Freedom*）一书中，用教育市场的例子，简明地阐述了对凭券制设计和实施的观点。因此，自由非监管型凭券制也被称为"弗里德曼型"凭券制。弗里德曼一向不支持政府部门以规则或管制等方式对私人部门进行干预，他认为，除了公共卫生、公共安全等领域少量的政府管制无法避免或排除外，大部分政府管制都是事与愿违、适得其反（counterproductive）的，因此，在教育、医疗、养老等领域，他主张完全的自由市场化，让私人部门中的服务机构自由地选择他们的消费者，自由地选择他们的雇员，为消费者提供最好的服务环境，为消费者提供他们所擅长的服务，消费者为自己喜欢的服务付费，整个市场完全不存在公共部门的干预，这是弗里德曼认为"最好的状态"。以教育为例，他简洁明了地指出，由于私人教育市场更加有序、更高效率、更具经济性，并且区别于供应商的偏见，私人教育市场与消费者的偏好更有可能保持一致，因此，教育应该由私人部门来更好地运行。在宣称私人部门能够更好地提供高质量教育的同时，弗里德曼也清楚地认识到家庭等微观个体不能公平地利用私人教育，如同社会福利一样，教育本身具有"外部性"，它无法精确地排除市场中零成本的消费者，教育的"非排他性"能够进一步导致公共资源过度使用，过载的需求将损害公共教育利益。因此，弗里德曼认为，公共部门应该向所有上学适龄儿童的家长发放最小面值的教育券，允

许这些家庭用教育券来支付在私人市场中家长及孩子的教育选择。

2. 特点和优势

"弗里德曼型"凭券制的重要作用在于公共部门管理和实施的简便。任何本地区居民都可以是某一领域券计划的接受者，券分配的方式有很多，可以通过税务系统每年以所得税的形式发放，也可以以个人社保支票的形式每月发放。如果以个人社保支票的形式发放，那么券相对应的金额直接汇到接受者确认的个人社保账户。由此可见，"弗里德曼型"凭券制在交易方式、办理程序方面的简化将使得整个券计划非常有效率。在政策实施过程中，互联网等新一代信息技术将会彻底改变和显著提高私人教育市场的政府管理效率，一直被诟病为"社会政策实施瓶颈"的"行政管理复杂性"，也因此不会成为凭券制这一政策工具落实的障碍。

（二）"管制补偿型"凭券制

1. 理论机理

第二类凭券制系统是由克里斯多夫·詹克斯等人在 20 世纪 60 年代末，即"伟大社会"① 的末期，提出的"券计划"。之所以称之为"管制补偿型"凭券制，是因为詹克斯有意识地将它与"弗里德曼型"凭券制相区别，詹克斯将政府规制作为一个正向因素引入了凭券制中，而且该制度更加重视和强调社会弱势群体的需求，比如说，詹克斯并不认可完全放开券的登记条件，特殊目标的券需要设立一定的门槛条件，在弱势群体参与和获得市场服务的前提下，除了那些能覆盖核心产品和服务成本的基础券之外，弱势群体还将获得一份补偿（compensatory）券。补偿券的设计有两个目标：一是为真正需要的群体提供更多的资源；二是让弱势群体能够受到服务机构和服务市场更多的关注。

补偿券这一机制设计的重要性在于它使得相关领域服务机构的激励结构更加合理。一般情况下，弱势群体对于服务机构和专业服务人员来说更像是一种"责任"，他们比一般消费者需要更多的"人、财、物"等方面资源，在服务市场中，代表性服务机构和专业服务人员更加偏好那些容易服务的、"好的"消费者，而引入补偿券机制的好处在于，从一开始，补偿券为具有特殊需求的弱势群体提

---

① "伟大社会"是 1964～1965 年美国总统约翰逊发起的一系列美国社会福利项目总称，主要目标是消除贫困和种族不公正。约翰逊在俄亥俄大学演讲中首次提出了"伟大社会"这个词，然后在密歇根大学的演讲中更为详细地公布了整个项目。这项新的财政支出项目涉及教育、医疗、城市化、农村贫困和交通运输等领域，具体包括美国医疗保险、医疗补助、联邦政府教育基金以及与本书研究主题相关的美国老年人法案。约翰逊在任职期间不断推动"伟大社会"项目及其一系列措施，"伟大社会"在影响范围和广度上可以与"罗斯福新政"相媲美，但在"伟大社会"实施后期，一些重要的提案却因为美国总统肯尼迪的"新疆界"政策而停滞不前。

供了额外的资源，在服务市场中，对弱势群体的服务已不再是一种"责任"，而是一类有价值的消费者，服务机构"有偏见"的选择正在被转变。

2. 特点和优势

"詹克斯型"凭券制并不允许市场中的服务机构收费高于券本身的价值，简而言之，詹克斯认识到了自由放任的"弗里德曼型"凭券制的缺陷，他希望通过补偿券机制来弥补和克服这样的缺陷，相比于"弗里德曼型"凭券制，詹克斯更加重视公平，更加偏好有意识地平等主义凭券制模型。如果对詹克斯和弗里德曼简单地进行分类，"弗里德曼型"凭券制是完全市场化的、自由放任的计划，而"詹克斯型"凭券制是公平优先、平等主义的计划。

（三）"权力均衡型"凭券制（power-equalizing）

"权力均衡型"凭券制又被称为"孔斯－舒格曼"券计划，毫无疑问，该凭券制是上述两种制度类型的中间状态。它既主张"弗里德曼型"凭券制的部分"自由放任主义"的观点，又强调"詹克斯型"凭券制的公平主义，"孔斯－舒格曼"券计划是所有计划中最难实施和把握的一类凭券制。

二、"用券投票"的补助机制模型构建

参与居家养老服务的服务企业和社会组织获得财政补贴收到过去的业绩的影响，同时也会受到周围相对绩效的影响，特别是在我国各地居家养老服务的优惠政策落实、实践的过程中。

本书在兰伯特等（1981）、布朗等（1983）的模型基础上进行相应修正，本书与上述文章不同之处在于：①参与居家养老服务的服务企业和社会组织不存在居家养老服务的供给的决策权；②获得财政补贴对应的成本是被严格限制的；③老年人所选择的社会组织和服务机构的目标是最大化居家养老服务效用。

令 θ 为随机扰动项，$\{\theta_1 \cdots \theta_N\}$，$\theta_1 < \theta_2 \cdots < \theta_N$，这里 $\theta_1 = \underline{\theta}$，$\theta_N = \bar{\theta}$，令 N 足够大，我们同时假设 $\theta_i - \theta_{i-1} = \delta$，其中 δ 为常数。令 $f(\theta_i)$ 表示享受居家养老服务的老年人能观测到 θ_i 值的概率密度函数，因此离散随机变量 $F(\theta_i) \equiv \sum_{j=1}^{i} f(\theta_j)$，以及随机扰动均值为 0。假设享受居家养老服务的老年人鉴别出"好"的参与居家养老服务的服务企业和社会组织的概率为 P，"好"的服务企业和社会组织带给老年人所带来的收益为 $R - \theta$；而"差"的服务企业和社会组织所存在损失为 X，X 源自服务企业和社会组织所存在的道德风险。

设定 1：随机扰动项的密度方程满足严格单调似然率，即 $\dfrac{f(\theta_i)}{f(\theta_{i-1})}$ 随着 i 值的

增加而减小。

我们把基础模型分为两期：第一期假定参与居家养老服务的服务企业和社会组织选举成功，则享受居家养老服务的老年人根据所参与的第一期所产生的实际收益，通过"居家养老服务券"这种选票，"用脚投票"方式决定是否继续参与居家养老服务的服务企业和社会组织。令 $Q(r)$ 表示采用居家养老服务券鉴别出"好"的参与居家养老服务的服务企业和社会组织的概率，根据贝叶斯条件概率，有：

$$Q(r) = \begin{cases} 1 & r \in \{R - \underline{\theta} - X + \delta, \cdots, R - \underline{\theta}\} \\ \dfrac{f(R-r)p}{f(R-r)p + f(R-r-X)(1-p)} & r \in \{R - \overline{\theta}, \cdots, R - \underline{\theta} - X\} \\ 0 & r \in \{R - \overline{\theta} - X, \cdots, R - \overline{\theta} - \delta\} \end{cases}$$

根据设定 1 可知，$\dfrac{\partial Q(r)}{\partial r} > 0$，即老年人所获得的实际收益越高，则采用居家养老服务券鉴别出"好"的参与居家养老服务的服务企业和社会组织所对应的概率越大。

机制 1：采用居家养老服务券的方式能够提高鉴别出"好"的参与居家养老服务的服务企业和社会组织的概率。居家养老服务券为老年人带来有利的外部正向脉冲，通过采用居家养老服务券的方式去购买居家养老服务，$\theta^* < \underline{\theta}$，有 $R - \underline{\theta}^* - X + \delta > R - \underline{\theta} - X + \delta$，而 $R - \underline{\theta}^* - \delta > R - \overline{\theta} - \delta$，即老年人实际收益 r 增加，从而 $Q(r)$ 也跟着增加，因此采用居家养老服务券的方式能够提高鉴别出"好"的参与居家养老服务的服务企业和社会组织的概率，提升老年人鉴别出居家养老服务好坏的水平。

机制 2：在不同居家养老服务服务企业和社会组织之间，老年人会有意识地将服务企业和社会组织是否获得示范点资格作为购买的"标尺"，即决定是否凭券购买相应服务企业和社会组织提供的服务，并给出购买概率。假定服务企业和社会组织 B 获得了示范点资格，而服务企业和社会组织 A 没有获得相应资格。令 $g(\theta_A, \theta_B)$ 为联合概率密度函数，$R_A - r_A = \pi_A$，$R_B^{**} - r_B^{**} = \pi_B^{**}$。

设定 2：$g(\cdot)$ 满足：$g(\pi_A - X, \pi_B^{**})/g(\pi_A, \pi_B^{**})$ 是 π_A 的减函数，是 π_B^{**} 的增函数。

根据贝叶斯条件概率，有：

$$Q(\pi_A, \pi_B^{**}) = \begin{cases} 1 & r_A \in \{R - \underline{\theta} - X + \delta, \cdots, R - \underline{\theta}\} \\ \dfrac{g(\pi_A, \pi_B^{**})p}{g(\pi_A, \pi_B^{**})p + g(\pi_A - X, \pi_B^{**})(1-p)} & r_A \in \{R - \overline{\theta}, \cdots, R - \underline{\theta} - X\} \\ 0 & r_A \in \{R - \overline{\theta} - X, \cdots, R - \overline{\theta} - \delta\} \end{cases}$$

根据设定 2，可以知道 $\dfrac{\partial Q(\pi_A, \pi_B^{**})}{\partial \pi_A} > 0$，$\dfrac{\partial Q(\pi_A, \pi_B^{**})}{\partial \pi_B} < 0$。特别地，当 $\pi_A <$ π_B^{**} 成立时，老年人会降低对提供居家养老服务社会组织或服务企业产生的评价。所以，必须设计合理的绩效考评机制，用以制约居家养老服务社会组织或服务企业的各种行为，这一点也是非常重要的。

三、结论

在居家养老服务券政策落实过程中，为了便于监管，减少监管成本，服务供应商一般是政府部门定点机构，这就形成了有条件的竞争。养老券政策转变了传统的财政补贴模式，从相关主体来看，在需求侧补助方面，改变了以往政府直接补贴服务机构的方式，而是将养老券最终的消费者——符合条件的老年人也加入了政策中，变成了政府部门、服务机构、老年人三方相互联系的动态关系。政府部门通过养老券形式将一部分养老选择权让渡给老年人，让老年人自主选择所需服务和对应的服务机构，在养老服务领域引入市场化机制，利用老年人的"用脚投票"，增加了养老服务机构之间的竞争，有助于养老服务市场的培育和发展，但同时，老年人对社会组织和服务企业的评价会依赖于政府提前给某部分社会组织和服务企业贴上的"标签"，若政府划定一部分社会组织和服务企业为"定点"或"示范点"，则老年人也会对这些社会组织和服务企业的评价较高，反之亦然。这种"选择偏差"要求政府必须客观评价参与居家养老服务的社会组织和服务企业，不然会误导老年人，误导市场选择。因此，政府购买居家养老服务的绩效评价就显得格外重要，这也正是本书接下来要研究的内容。

第四章　政府购买居家养老服务绩效评价体系构建

近年来，随着我国行政管理体制改革的不断推进，绩效评价的理念和做法已经深入到政府部门的各项工作中，对公共服务进行绩效评价已发展成为一项常态化制度。特别是党十八大以来，中央和地方政府在公共服务领域广泛开展了不同维度的绩效评价工作。作为一项重要的制度安排，公共服务绩效评价的内涵在于通过构建科学、合理的绩效评价指标体系，依托第三方评估机构，根据符合实际情况的标准和原则，对评估对象——公共服务供给的产出、效果、成绩进行准确、客观的考核。公共服务绩效评价是将"权力关进笼子里"的有效工具，是协调公共服务参与主体相互关系的重要助力，对于建立廉洁、高效的政府行政管理体制具有重要意义：根据政府部门开展的一系列工作评估管理组织机构的整体运行绩效；根据公共服务的绩效评价结果评估政府部门的决策绩效；根据绩效评价指标结果为各公共服务供给主体提供有效的反馈信息。当前，随着政府购买居家养老服务的深入开展，前期各项政策的实施效果如何？哪些方面工作需要加强、补充和完善？很多问题亟待解决，绩效评价无疑为解决这些问题提供了可行的思路和途径，因此，构建科学、合理的绩效评价指标体系已迫在眉睫。

第一节　政府购买居家养老服务绩效评价的必要性分析

一、构建政府购买居家养老服务绩效指标评价体系是中央和地方政府相关文件的客观要求

2014 年，财政部、发展改革委、民政部、全国老龄办四部委出台的《关于做好政府购买养老服务工作的通知》中明确规定了政府购买居家养老服务绩效评

价的总体要求和目标①，广东省、山东省等地区出台相应的文件，明确要求在政府购买居家养老服务中引入第三方评估机制，构建绩效评价指标体系，适时将评估结果向社会公布。2017 年，国务院出台的《"十三五"国家老龄事业发展和养老体系建设规划》中也强调，"健全第三方评估机制，适时对规划执行情况进行评估，向社会公布评估结果。"北京市、江苏省等地区相继出台的养老服务领域"十三五"规划中多次提出，各级政府及其相关部门通过构建绩效评价体系，分解责任，强化考核，切实将政府购买养老服务落实到位。政府部门出台的一系列"办法、指导意见、规划、规范"② 等文件为居家养老服务绩效评估明确了目标，对养老服务领域的基本原则、政策内容、组织保障提出了详细的说明，为政府购买居家养老服务绩效评价指标设计提供了重要依据，对绩效评价体系构建具有重要的指导意义。

二、构建政府购买居家养老服务绩效指标评价体系是进一步完善相关领域政策措施的有效手段

在居家养老服务领域开展绩效评价的实质在于，通过绩效评估的方式，为政府购买居家养老服务进行一次全面、科学的"体检"，以绩效评价为工具和手段，发现政策实施过程中的问题，指明下一步居家养老服务领域相关政策制定或修订的方向，同时，通过绩效评估，找准关键问题，找到政府部门在公共服务供给过程中政策执行的低效率的症结所在，运用绩效评估反馈的有效信息，对症下药，弥补政府管理过程中的缺陷和不足。此外，通过绩效评估，可以精准发现居家养老服务政策制定和执行方面的动态不一致性，分别明晰政府部门、社会组织、企业、协会等居家养老服务供给主体的权责问题，以问题为导向，精准施策，进一步提高居家养老领域相关政策的落实效果。

---

①　财政部、发展改革委、民政部、全国老龄办四部委出台的《关于做好政府购买养老服务工作的通知》中提到，要"加强绩效评价。各地要建立健全由购买主体、养老服务对象以及第三方组成的综合评审机制，加强购买养老服务项目绩效评价。在绩效评价体系中，要更侧重受益对象对养老服务的满意度评价。政府购买养老服务的绩效评价结果要向社会公布，并作为政府选择购买养老服务承接主体、编制以后年度政府购买养老服务项目与预算的重要参考依据。"

②　《江苏省"十三五"养老服务业发展规划》中明确规定，"各市、县（市、区）人民政府要将规划目标纳入当地经济社会发展目标，列入各级人民政府绩效考核体系，分解责任、强化考核、定期督办，切实将养老服务业发展任务落到实处。省民政厅和省发展改革委要抓好本规划的督促检查工作，每年对规划实施情况进行监测统计和考核评估，推动本规划的全面落实。2018 年，对规划实施情况进行中期评估。2020 年，对本规划的执行情况进行全面评估。对落实有力、成效显著的地区或部门予以表彰，对推进工作不力的地区或部门，督促整改落实。"《北京市"十三五"时期老龄事业发展规划》也提出，"对重点领域和资金投入等重要环节，通过专业机构评估、群众评议等形式进行监督，并及时发布相关报告。"

三、构建政府购买居家养老服务绩效指标评价体系是保护老年人合法权益的重要力量

倾听老年人的声音，充分了解老年人满意度和获得感是政府购买居家养老服务绩效指标体系的重要组成部分，政府购买居家养老服务的目标在于通过优质服务，让所有的老年人能够"老有所养、老有所依、老有所乐、老有所安"。居家养老服务的最终归宿在于老年人，构建政府购买居家养老服务绩效指标评价体系是保护老年人合法权益的重要力量。

第二节　政府购买居家养老服务绩效评价指标体系构建

政府购买居家养老服务绩效的评价对象不仅仅是政府相关部门，还涉及服务的提供者——社会组织、养老服务企业、敬老协会等服务机构，也包括服务的消费者——享受居家养老服务的老年人，因此，效率与公平是政府购买居家养老服务绩效评价的首要标准，一般来看，在构建绩效评价指标体系之前，首先要明确居家养老服务绩效评价的目标、标准和原则，确定绩效评价的过程、工作程序，继而设计绩效评价指标体系。

一、政府购买居家养老服务绩效评价的复杂性分析

1. 政府购买居家养老服务的多目标性导致绩效评价标准难以统一

主要体现在：一是通过分析各地发布的政府购买养老服务管理办法或指导意见可以得出，政府购买居家养老服务通常选择从宏观到微观的多层次目标，以定性为主，目标设定比较模糊和复杂，如发展养老服务市场、社会养老保障体系更加完善、法律法规政策体系更加完备等，这些目标在绩效评估指标体系上难以全面覆盖；二是具体绩效评价目标选择上量化难度较高，不同地区经济发展水平、居民可支配收入、传统风俗习惯等不尽相同，这些影响政府购买居家养老服务的关键因素会影响政策制定者的决策行为，多层次目标会为居家养老服务绩效评价指标体系在量化方面提出技术上的难题；三是政府相关部门之间在购买养老服务方面的目标并不完全一致，很难用同一指标去衡量，不同部门之间目标的协调存在不一致性，无法简单地用指标去评估政府购买居家养老服务的绩效水平。

2. 政府购买居家养老服务的相关主体多元化增加了绩效评估的难度

政府购买居家养老服务相关主体涉及政府部门、社会组织、行业协会、服务

企业和享受服务的老年群体，而在政府内部，又涉及民政、财政、税务、发改、工信、统计等多个相关部门，综合评估所有居家养老服务参与主体的绩效水平难度很大，每个相关主体在提供居家养老服务时所取得社会效益、经济效益和政治效益均有所不同，很难在一个绩效评价指标体系中通过多维度指标来全面反映各个相关主体的服务绩效。

3. 政府购买居家养老服务指标设计的可量化性存在一定程度的困难

在居家养老服务中，绩效指标的可测算性存在以下两方面问题：一是居家养老服务包含的服务类型范围很广，既包括家庭照料、个人护理、日常清洁和医疗护理等"看的见"的有形服务，也包含精神抚慰、心理治疗等"看不见"的无形服务，在绩效指标设计和量化过程中，这些无形服务的绩效评价只能通过老年人的主观评判来反映，但每个老年人对相同服务的需求、体验感受不尽相同，造成无形服务的绩效评价公平性的差异很大；二是居家养老服务市场尚在完善和培育，价格机制无法充分客观地反映真实的市场信息，用于绩效评价的信息相对较少，在具体的居家养老服务进行成本收益比较时，进一步增加了绩效指标设计的技术难度。

二、政府购买居家养老服务绩效评价标准

国际上通用的绩效评价标准主要是 4E 标准，即从评价对象的经济性、效率性、效果性和公平性四个方面来反映真实的绩效情况。在具体项目实践过程中，人们逐步意识到 4E 标准未能全面涵盖到政府公共服务领域，在公共服务绩效评价体系中加入了公民满意度、公共部门回应、企业社会责任等标准，这些标准弥补了 4E 标准的内在缺陷，真实地反映公共服务供给的价值取向。一方面，随着市场化机制的推进以及非政府组织等社会组织的"利他主义"，公共服务供给主体已经不局限于政府机构等公共部门，市场部门和志愿部门的广泛参与显著提高了公共服务效率，这对公共服务的绩效评价提出了更高层次的要求；另一方面，随着经济发展水平的不断提高，社会公众对于弱势群体的关注度逐步提高，积极参与到公共服务供给中，通过专门渠道主动表达对公共服务的需求，更加重视政府部门在提供公共服务过程中的公平性，特别重视公共服务对弱势群体的保障作用。

本书借鉴 OECD 和世界银行在公共服务绩效评估中所采用的评价标准，确定政府购买居家养老服务的标准为：经济性、效果性、公平性和相关性。

三、政府购买居家养老服务绩效评价指标选取原则

在公共服务绩效评价指标选取原则方面，国外最常遵循的是 SMART 原则，

即明确性原则（specific）：应当选择定义明确、含义清晰的指标，不存在笼统、模糊性；量化性原则（measurable）：绩效评价指标体系应选取可量化的指标，各项指标的考核点数据是可以获取的，必须具备明确的标准以供对比；易得性原则（attainable）：绩效指标所需的相关信息可以获得，且能追溯的，指标的设定应当适中，不宜过高或过低；客观性原则（realistic）：绩效指标的选择必须是客观存在的，不能主观臆断；限时性原则（time-bound）：绩效指标的选择具有时效性，必须在有限的时间段内完成，防止指标所需数据或相关信息过期失效。国内公共服务绩效评价指标选取原则方面，财政部于2011年发布的《财政支出绩效评估管理暂行办法》，在指标选取的时候遵循以下四方面基本原则：一是科学规范原则①；二是公正公开原则②；三是分级分类原则③；四是绩效相关原则④。

四、政府购买居家养老服务绩效评价程序

在确定政府购买居家养老服务绩效评价的目标、标准和遵循的相关原则后，构建科学、合理、全面的政府购买居家养老服务绩效评价指标体系成为关键环节，主要分为以下三个步骤：

一是细致全面地分析评估对象。在政府购买居家养老服务中，评估对象包括：政策制定者——政府部门，服务提供者或生产者——服务企业、社会组织、协会等，服务的消费者——符合条件的老年人，在多评估对象的情况下，我们要针对不同评估对象的性质、服务方式、核心要素、服务范围和合作方式等方面进行深入分析。

二是绩效指标初次确定。深入分析政府购买居家养老服务相关目标和原则，梳理政府购买居家养老服务的投入因素和产出项目，依据各个评估对象和参与主体的相关关系，确定评估对象和参与主体的权责利，通过层次性的逻辑关系设定次级绩效评价指标，根据实际情况及可获得性，逐步分解政府购买居家服务的具体指标项，确定考核点。

三是筛选绩效指标体系。根据科学制定、发展导向、系统全面与重点突出、客观、可追溯、易于操作、简明性、动态可比性等原则，初步筛选政府购买居家养老服务绩效评价指标体系，充分参考数据可得性，更新绩效指标。

---

① 绩效评估应当严格执行规定的程序，按照科学可行的要求，采用定量与定性分析相结合的方法。
② 绩效评估应当符合真实、客观、公正的要求，依法公开并接受监督。
③ 绩效评估由各级财政部门、各预算部门根据评估对象的特点分类组织实施。
④ 绩效评估应当针对具体支出及其产出绩效进行，评估结果应当清晰反映支出和产出绩效之间的紧密对应关系。

五、指标体系修正与预评估

绩效指标的修正和预评估分为两个程序，一是邀请政府相关部门、高校相关领域专家、服务机构管理人员组成项目专家组，采取专家意见法，筛选初步确定的绩效评价指标体系，开展多轮的德尔菲专家咨询，对指标的相关度、隶属度、指标的信度与效度进行分析，对政府购买居家养老服务绩效评价体系进行修正，以保证科学性、合理性和可操作性。二是选取居家养老服务不同发展水平的 4 ~ 5 个地区，开展预评估工作，分别实地收集数据和进行调查研究，在预评估工作开始前，召开民政、财政、工信、统计、发改等政府部门动员会，强化多部门协作，形成合力，对于调研收集的数据信息情况，加强数据审核，确保数据质量，随机抽查调研记录，通过对比审核、询问核实、侧面印证等方式，确保政府购买居家养老服务绩效评价项目填报正确完整、评估指标数据质量真实可靠、测算结果科学可信，确保采集的数据真实、客观、有效。根据预评估的结果，再次筛选和修正相关的绩效指标体系。

本书以经济性、效果性、公平性和相关性为政府购买居家养老服务绩效评价标准，从居家养老"服务投入""服务能力""服务满意度"和"服务协同"四个方面设计选取了 4 个一级指标、15 个二级指标、38 个三级指标。在绩效结果的计算方法方面，本书采用世界银行在营商环境评价项目采取的前沿距离得分法（DFS，Distance of Frontier Score）。具体的指标体系如表 4 – 1 所示。

表 4 – 1　　　　　　政府购买居家养老服务绩效评估指标体系

评价标准	一级指标	二级指标	三级指标	指标属性
A 经济性	服务投入 A1	空间资源投入 A11	人均用地面积（居家养老服务餐饮 + 日间照料 + 社区中心）A111	投入/产出指标
			老年人房屋改造、修缮投资总额 A112	投入/产出指标
			人均室内空间面积（居家养老服务餐饮 + 日间照料 + 社区中心）A113	投入/产出指标
		财政资金投入 A12	人均居家养老服务运营补贴（居家养老服务餐饮 + 日间照料 + 社区中心）A121	投入/产出指标
			人均购买居家养老服务财政支出（居家养老服务餐饮 + 日间照料 + 社区中心）A122	投入/产出指标
			人均财政补贴（包括居家养老服务券）A123	投入/产出指标

评价标准	一级指标	二级指标	三级指标	指标属性
A 经济性	服务投入 A1	社会资本投入 A13	人均社会捐赠额 A131	投入/产出指标
			居家养老服务机构投资总额 A132	投入/产出指标
		人力资源投入 A14	人均居家养老服务专业护理人员教育与培训投入 A141	投入/产出指标
			居家养老服务专业护理人员平均工资水平 A142	过程指标
			居家养老服务人员平均工资水平（包括社工）A143	投入/产出指标
B 效果性	服务能力 B2	居家养老服务类型 B21	家庭护理具体服务种类 B211	投入/产出指标
			个人护理具体服务种类 B212	投入/产出指标
			社区居家养老服务种类 B213	投入/产出指标
			医疗护理具体服务种类 B214	投入/产出指标
		居家养老服务数量 B22	月均入家提供服务数量（包含餐饮、日间照料）B221	投入/产出指标
			人均接受居家养老服务时间 B222	投入/产出指标
			入家提供服务种类数 B223	投入/产出指标
		居家养老服务质量 B23	申请居家养老服务评估平均等待时间 B231	投入/产出指标
			每月平均享受居家养老服务老人数 B232	投入/产出指标
			享受居家养老服务老年人数占服务人员比重 B233	投入/产出指标
			年入家服务数量与居家养老服务数量比例 B234	投入/产出指标
		居家养老服务产出 B24	居家养老服务总人次与服务人员数量比重 B241	投入/产出指标
			居家养老服务老年人覆盖率 B242	投入/产出指标
			居家养老服务空间利用率 B243	投入/产出指标
			居家养老服务护理参与率 B244	投入/产出指标

续表

评价标准	一级指标	二级指标	三级指标	指标属性
C 公平性	服务满意度 C3	居家养老服务公平度 C31	获得财政补贴老年人数量占比 C311	投入/产出指标
			享受居家养老服务失能、高龄和低收入老年人占比 C312	投入/产出指标
		老年人感知度 C32	个性化服务定制情况 C321	投入/产出指标
			入家服务人员专业性和服务态度 C322	投入/产出指标
		老年人信任度 C33	老年人要求更换专业护理人员的频数 C333	投入/产出指标
		老年人投诉与反馈 C34	月均收到居家养老服务投诉率 C341	投入/产出指标
			老年人反馈建议数量 C342	投入/产出指标
D 相关性	服务协同 D4	政府部门主导 D41	居家养老相关规划文件落实情况 D411	过程指标
			政府购买居家养老服务财政支出绩效情况 D412	过程指标
		社会组织参与度 D42	向政府部门报送居家养老服务数据信息情况 D421	过程指标
			与政府部门居家养老服务沟通机制 D422	过程指标
		市场参与度 D43	居家养老服务平均成本 D431	投入/产出指标
			参与政府购买居家养老服务招投标总额 D432	投入/产出指标

六、绩效评估权重的确定

根据层次分析法和指标体系的预评估程序，本书确定了一级指标、二级指标和三级指标的相关权重，如表4-2所示。

表 4-2　　　　　　政府购买居家养老服务绩效评估指标体系和权重

评价标准	一级指标	二级指标	三级指标	指标属性
A 经济性	服务投入 A1（0.21）	空间资源投入 A11（0.181）	人均用地面积（居家养老服务餐饮 + 日间照料 + 社区中心）A111（0.0114）	投入/产出指标
			老年人房屋改造、修缮投资总额 A112（0.0114）	投入/产出指标
			人均室内空间面积（居家养老服务餐饮 + 日间照料 + 社区中心）A113（0.0152）	投入/产出指标
		财政资金投入 A12（0.325）	人均居家养老服务运营补贴（居家养老服务餐饮 + 日间照料 + 社区中心）A121（0.0205）	投入/产出指标
			人均购买居家养老服务财政支出（居家养老服务餐饮 + 日间照料 + 社区中心）A122（0.0205）	投入/产出指标
			人均财政补贴（包括居家养老服务券）A123（0.0273）	投入/产出指标
		社会资本投入 A13（0.282）	人均社会捐赠额 A131（0.0237）	投入/产出指标
			居家养老服务机构投资总额 A132（0.0355）	投入/产出指标
		人力资源投入 A14（0.212）	人均居家养老服务专业护理人员教育与培训投入 A141（0.0178）	投入/产出指标
			居家养老服务专业护理人员平均工资水平 A142（0.0134）	过程指标
			居家养老服务人员平均工资水平（包括社工）A143（0.0134）	投入/产出指标
B 效果性	服务能力 B2（0.30）	居家养老服务类型 B21（0.155）	家庭护理具体服务种类 B211（0.0093）	投入/产出指标
			个人护理具体服务种类 B212（0.0139）	投入/产出指标
			社区居家养老服务种类 B213（0.0093）	投入/产出指标
			医疗护理具体服务种类 B214（0.0139）	投入/产出指标
		居家养老服务数量 B22（0.296）	月均入家提供服务数量（包含餐饮、日间照料）B221（0.0266）	投入/产出指标
			人均接受居家养老服务时间 B222（0.0266）	投入/产出指标
			入家提供服务种类数 B223（0.0355）	投入/产出指标

评价标准	一级指标	二级指标	三级指标	指标属性
B 效果性	服务能力 B2 （0.30）	居家养老服务质量 B23 （0.400）	申请居家养老服务评估平均等待时间 B231 （0.0264）	投入/产出指标
			每月平均享受居家养老服务老人数 B232 （0.0336）	投入/产出指标
			享受居家养老服务老年人数占服务人员比重 B233 （0.0372）	投入/产出指标
			年入家服务数量与居家养老服务数量比例 B234 （0.228）	投入/产出指标
		居家养老服务产出 B24 （0.149）	居家养老服务总人次与服务人员数量比重 B241 （0.0094）	投入/产出指标
			居家养老服务老年人覆盖率 B242 （0.0130）	投入/产出指标
			居家养老服务空间利用率 B243 （0.0080）	投入/产出指标
			居家养老服务护理参与率 B244 （0.0143）	投入/产出指标
C 公平性	服务满意度 C3 （0.27）	居家养老服务公平度 C31 （0.287）	获得财政补贴老年人数量占比 C311 （0.0349）	投入/产出指标
			享受居家养老服务失能、高龄和低收入老年人占比 C312 （0.0426）	投入/产出指标
		老年人感知度 C32 （0.301）	个性化服务定制情况 C321 （0.0325）	投入/产出指标
			入家服务人员专业性和服务态度 C322 （0.0488）	投入/产出指标
		老年人信任度 C33 （0.203）	老年人要求更换专业护理人员的频数 C333 （0.0548）	投入/产出指标
		老年人投诉与反馈 C34 （0.209）	月均收到居家养老服务投诉率 C341 （0.0282）	投入/产出指标
			老年人反馈建议数量 C342 （0.0282）	投入/产出指标
D 相关性	服务协同 D4 （0.22）	政府部门主导 D41 （0.389）	居家养老相关规划文件落实情况 D411 （0.0299）	过程指标
			政府购买居家养老服务财政支出绩效情况 D412 （0.0556）	过程指标

续表

评价标准	一级指标	二级指标	三级指标	指标属性
D 相关性	服务协同 D4 (0.22)	社会组织参与度 D42 (0.297)	向政府部门报送居家养老服务数据信息情况 D421 (0.0261)	过程指标
			与政府部门居家养老服务沟通机制 D422 (0.0392)	过程指标
		市场参与度 D43 (0.314)	居家养老服务平均成本 D431 (0.0311)	投入/产出指标
			参与政府购买居家养老服务招投标总额 D432 (0.0380)	投入/产出指标

第三节 政府购买居家养老服务效率的实证分析

目前，在评价政府购买居家养老服务效率领域的研究主要有两种思路：一是结合居家养老服务实际，设定合理的目标、原则，构建绩效评价指标体系，遵循一定的标准，对政府购买居家养老服务模式打分或评级；二是运用计量经济学模型，利用政府购买居家养老服务投入和产出数据来进行绩效评估，常用的量化模型包括 DEA 模型（数据包络分析）、SFA 模型（随机前沿分析）、ANN 模型（人工神经网络）等。第一种思路在实践中存在以下两个方面的困难：一是调研空间的局限性。政府购买居家养老服务绩效评价指标体系受客观条件限制，只能局限于某一地区开展绩效评价工作，绩效指标体系需要借助调研问卷等形式反馈所需数据信息，在有限的财力和物力情况下，很难大范围开展。二是政府购买居家养老服务绩效指标采用定性与定量相结合的方法，以老年人满意度为例，被访问的老年人受自身教育水平、认知程度、感知能力等多维度因素影响，在评价居家养老服务时不可能做到完全地独立自主，受访老年人的非理性行为在调研问卷开展过程中比较普遍，同一调研问卷不同地区的老年人回答的结果并不相似，同一调研问卷同一地点，同一受访老年人不同时间接受测试大概率地取得不同的结果，因此，主观性较强的指标设定会干扰效率测度的结果。国内外很多学者采用 DEA 模型来量化公共服务供给效率，但忽视了外部环境变化和随机扰动冲击对效率测算的显著影响，有学者将受限因变量模型嵌套于 DEA 模型中，通过处理样本截尾数据，来估计影响绩效的环境因素，但并不能得出实际效率结果，本书借鉴已有研究文献，运用三阶段 DEA 模型更能全面准确地评估政府购买居家养老服务的供给效率。

一、数据来源及指标设定

在使用 DEA 模型测算公共服务供给效率时，投入产出指标的合理选择至关重要，直接决定效率估计的准确性。指标的选择遵循的一般原则如下：经济性、数据可得性、重点性、独立性和相关性，而三阶段 DEA 模型的投入产出指标选取原则更为严格：一是投入产出指标必须通过统计学 1% 置信区间的正相关性检验，即同向性检验；二是必须通过 Pearson 法的指标检验，以保证模型量化的有效性。

我们首先根据上述原则初步确定政府购买居家养老服务的投入产出指标体系，然后根据三阶段 DEA 模型的投入产出指标选取原则筛选确定最终的投入和产出指标。本书投入产出指标的相关数据源自 2016 年《中国统计年鉴》《中国财政年鉴》《中国人口与就业统计年鉴》《中国民政统计年鉴》《中国社会统计年鉴》、各地方政府《老龄事业发展统计公报》以及人力资源和社会保障部、中国老龄协会等网站数据。由于数据的可得性和适用性，我们选择了内蒙古、甘肃、湖南、湖北、北京、上海等 17 个省、市、自治区。

政府购买居家养老服务的投入指标包括各级财政居家养老服务专项资金、福利公益金支出、中央专项彩票公益金支出。具体的指标测度方面，各级财政居家养老服务专项资金采用人均财政居家养老专项资金来衡量，即各级财政居家养老服务专项资金与本省老年人口数量的比例（老年人口数量指常住老年人口数量，下同）；福利公益金支出采用人均福利公益金支出来表示，即用于居家养老服务的福利公益金与本省老年人口数量的比例；中央专项彩票公益金支出采用人均中央专项彩票公益金支出来表示，即用于居家养老服务的中央专项彩票公益金支出与本省老年人口数量的比例。

政府购买居家养老服务的产出指标包括四个方面内容：一是政府购买居家养老服务硬件设施，主要包括城镇社区小型养老机构①人均床位数、农村公益性居家养老服务场所人均老年人床位数；二是政府购买居家养老服务空间，主要包括城市社区日间照料中心数量、农村社区日间照料中心数量；三是政府购买居家养老服务数量，主要包括城市社区居家养老服务中心累计服务老年人次数、农村村

---

① 社区小型养老机构：是指养老床位在 25～50 张，能提供日间照料、居家养老、夜间托养和医养结合服务中两种以上的服务，且具备重点针对社会失能、失智、失独和空巢老人的夜间托养功能的养老服务机构。

级居家养老服务中心累计服务老年人次数；四是政府购买居家养老服务信息，主要包括省级及以上居家养老服务信息平台数量、民办居家养老服务信息平台数量。

初始的投入产出指标体系如表4-3所示。

表4-3　　　　　　　　　　　初始投入产出指标体系

投入指标	人均财政居家养老专项资金
	人均福利公益金支出
	人均中央专项彩票公益金支出
产出指标	城镇社区小型养老机构人均床位数、农村公益性居家养老服务场所人均老年人床位数
	城市社区日间照料中心数量、农村社区日间照料中心数量
	城市社区居家养老服务中心累计服务老年人次数、农村村级居家养老服务中心累计服务老年人次数
	省级及以上居家养老服务信息平台数量、民办居家养老服务信息平台数量

我们运用 Pearson 法检验各个政府购买居家养老服务投入指标的相关性，作为同向性检验的依据，在统计学中，Pearson 相关系数，也称为 Pearson's r，Pearson 积矩相关系数（PPMCC）或双变量相关，Pearson 相关系数是两变量 X 和 Y 之间线性相关性的度量。根据 Cauchy - Schwarz 不等式，它具有 + 1 和 - 1 之间的值，其中 1 是总正线性相关，0 是无线性相关，- 1 是总负线性相关。它是由卡尔·皮尔森（Karl Pearson）根据弗朗西斯·高尔顿（Francis Galton）在 19 世纪 80 年代引入的一个相关理念开发的，其数学公式由奥古斯特·布拉维斯（Auguste Bravais）于 1844 年推导出版。系数的命名是斯蒂格勒定律的一个例子。Pearson 的相关系数是两个变量的协方差除以它们的标准差的乘积。定义的形式涉及"乘积阶矩"，即均值调整随机变量乘积的均值（关于原点的一阶矩）；因此，名称中的成绩阶矩。

当应用于群体时，Pearson 的相关系数通常用希腊字母 ρ（rho）表示，并且可以称为群体相关系数或群体 Pearson 相关系数。

当应用于样本时，Pearson 的相关系数通常由 $r(xy)$ 表示，并且可以称为样本相关系数或样本 Pearson 相关系数。我们可以通过将基于样本的协方差和方差的估计值替换为上面的公式来获得。

在重噪声条件下，提取两组随机变量之间的相关系数是非常重要的，特别是在典型相关分析报告由于重噪声贡献而降低相关值的情况下。该方法的概括在其他文献给出。

选取 DEA 模型的有效变量。通过 Pearson 法我们最终确定政府购买居家养老服务的投入产出指标体系，如表 4 – 4 所示。

表 4 – 4 筛选后确定的投入产出指标体系

投入指标	人均财政居家养老专项资金
	人均福利公益金支出
	人均中央专项彩票公益金支出
产出指标	城镇社区小型养老机构人均床位数
	城市社区日间照料中心数量、农村社区日间照料中心数量
	城市社区居家养老服务中心累计服务老年人次数
	省级及以上居家养老服务信息平台数量

政府购买居家养老服务投入产出指标体系 Pearson 法检验结果如表 4 – 5 所示。

表 4 – 5 Pearson 法检验结果

项目	城镇社区小型养老机构人均床位数	城市社区日间照料中心数量	农村社区日间照料中心数量	城市社区居家养老服务中心累计服务老年人次数	省级及以上居家养老服务信息平台数量
人均财政居家养老专项资金	0. 7145 *** (0. 0001)	0. 5283 ** (0. 2616)	0. 5653 *** (0. 0131)	0. 5175 ** (0. 2511)	0. 2835 ** (0. 1466)
人均福利公益金支出	0. 7133 *** (0. 0889)	0. 6240 *** (0. 0022)	0. 6181 *** (0. 0333)	0. 2976 *** (0. 0406)	0. 0694 *** (0. 0309)
人均中央专项彩票公益金支出	0. 3204 *** (0. 0002)	0. 9851 *** (0. 0119)	0. 7790 *** (0. 0056)	0. 5111 *** (0. 0023)	0. 2054 *** (0. 0311)

注：***、**、* 分别表示在1%、5%、10%置信水平下显著，括号内数据为标准差。

二、环境变量选取

本书借鉴已有研究结论选取人均收入水平、城镇化水平和老年人口抚养比三个环境变量。

1. 经济发展水平

经济发展水平越高的地区相应的人均收入水平越高，高的人均收入水平会提高老年人享受居家养老服务的使用效率，本书以人均可支配收入表示经济发展水平。

2. 城镇化水平

城镇化水平越高，政府购买居家养老服务的外溢性和辐射性越强，居家养老服务供给水平越高。目前国内城镇化率有单一指标和综合指标两种，综合指标（复合指标）进一步考虑了生态、经济发展、环境等因素。本书选取单一指标，即采用年末城镇人口占总人口的比重测度城镇化率。

3. 老年人口抚养比

老年人口抚养比也称老年人口抚养系数。指某一人口中老年人口数与劳动年龄人口数之比。通常用百分比表示。用以表明每 100 名劳动年龄人口要负担多少名老年人。老年人口抚养比是从经济角度反映人口老化社会后果的指标之一。本书采用 ODR 计算方法，计算公式为：65 岁及 65 岁以上的老年人口数与 15～64 岁的劳动年龄人口数的比例。

三、计量实证分析

（一）第一阶段：传统 DEA

传统的 DEA 分析不考虑环境因素和随机扰动，所得结果包含三类因素综合影响。我们利用 Deap 2.1 软件对 2016 年政府购买居家养老服务效率进行初始评估，效率评估结果详见表 4 – 6。

表 4 – 6　　　　　第一阶段 17 个省份 DEA 初始效率值（2016 年）

地区	TE	PTE	SE	RTS
北京	1	1	1	—
天津	0.938	1	0.938	drs
河北	0.923	0.953	0.968	drs
上海	0.948	0.948	1	drs
江苏	1	1	1	—
浙江	0.941	0.964	0.976	drs
福建	0.954	0.972	0.981	drs
山东	0.939	0.963	0.975	drs
广东	1	1	1	—

地区	TE	PTE	SE	RTS
湖北	0.878	0.925	0.949	irs
湖南	0.825	0.891	0.926	drs
河南	0.872	0.921	0.947	irs
四川	0.892	0.892	1	drs
陕西	0.922	1	0.922	drs
甘肃	0.942	0.965	0.976	drs
内蒙古	0.842	0.902	0.934	drs
辽宁	0.846	0.905	0.935	drs
全国	0.847	0.927	0.914	

计量模型的第一阶段，我们对样本省份进行效率测算，结果显示，北京市、广东省和江苏省的政府购买居家养老服务效率处于生产前沿面，无论是规模效率还是纯技术效率均为1；天津市、上海市、四川省、陕西省的政府购买居家养老服务效率属于弱DEA有效，其中，天津市和陕西省的纯技术效率处于生产前沿面，说明这两个省份政府购买居家养老服务的管理制度、治理结构等技术层面效率较高，而政府购买居家养老服务的投入方面需要加强，上海市、四川省的规模效率处于生产前沿面，说明这两个省政府购买居家养老服务在养老资源投入和配置方面领先，而在管理制度、治理结构等技术层面还有进一步强化的空间；河北省、浙江省、福建省、山东省、湖南省、湖北省、甘肃省等其余省份的政府购买居家养老服务效率均未达到效率性的要求，需要在技术和规模两个层面加强。从全国平均情况来看，全国政府购买居家养老服务平均效率为0.847，距离生产前沿面还有0.153，整体效率水平较低，纯技术效率高于规模效率，12个省份的政府购买居家养老服务属于规模效率递减，湖北省、河南省属于规模效率递增。

（二）第二阶段：SFA回归模型

将第一阶段DEA得到的决策单元各投入的松弛量作为被解释变量，以三个环境变量作为解释变量进行SFA回归，使用Frontier 4.1软件得到结果如表4-7所示。

表 4 – 7　　　　　　　　　　　　SFA 回归模型结果

项目	人均财政居家养老专项资金松弛量	人均福利公益金支出松弛量	人均中央专项彩票公益金支出松弛量
常数项	501. 813 *** (110. 557)	3654. 199 *** (837. 122)	– 95. 282 *** (– 9. 156)
人均可支配收入	2. 812 *** (3. 109)	1. 323 *** (4. 0873)	– 56. 621 (– 0. 016)
城镇化率	3. 184 *** (10. 367)	– 54. 018 *** (– 35. 606)	48. 237 *** (13. 982)
老年人口抚养比	– 7. 506 *** (– 2. 970)	– 33. 702 *** (– 29. 120)	3. 514 (0. 806)
γ	0. 701	0. 877	0. 899
LR 单边误差检验	52. 673 ***	17. 591 ***	55. 872 ***

注： *** 、 ** 、 * 分别表示在 1% 、5% 、10% 置信水平下显著，括号内数据为 T 值。

从表 4 – 7 可知，三个模型 γ 值均在 0. 7 以上，且在 1% 置信水平下显著，说明外部环境因素和随机误差扰动是影响我国政府购买居家养老服务效率的主导因素，LR 单边误差检验均在 1% 置信水平下显著，表明 SFA 回归模型在政府购买居家养老服务效率评估中是有必要的，具体分析环境因素的影响如下。

一是经济发展水平。地区经济发展水平与人均财政居家养老专项资金、人均福利公益金支出的投入冗余量呈显著正相关关系，表明地方经济发展水平的提高会降低财政专项资金和福利公益金的使用效率，地区经济发展水平与人均中央专项彩票公益金支出的投入冗余量为显著负相关，说明地区经济发展水平的提高会促进中央专项彩票公益金的使用效率。

二是城镇化率。城镇化率与人均财政居家养老专项资金、人均中央专项彩票公益金支出的投入冗余量的回归系数为正值，并在 1% 置信水平下显著，说明城镇化率的提高会降低财政专项资金和中央专项彩票公益金的使用效率，而城镇化率与人均福利公益金支出的投入冗余量回归系数为负值，并在 1% 置信水平下显著，表明城镇化率的提高会提升福利公益金的使用效率。

三是老年人口抚养比。老年人口抚养比与人均财政居家养老专项资金、人均福利公益金支出的投入冗余量的回归系数为负值，并在 1% 置信水平下显著，说明老年人口抚养比的提高会提高财政专项资金和福利公益金的使用效率，而老年人口抚养比与人均中央专项彩票公益金支出的回归系数为正值，并在 1% 置信水平下显著，表明老年人口抚养比的提高会降低中央专项彩票公益金的使用效率。

（三）第三阶段：调整后的 DEA

通过 SFA 回归模型排除环境因素和随机扰动的影响，我们得到政府购买居家养老服务的有效效率得分，利用 Deap 2.1 软件计算结果与初始效率对比如表 4 - 8 所示。

表 4 - 8　　　　　　调整前后 17 个省份 DEA 效率值（2016 年均值）

地区	第一阶段 DEA				第三阶段 DEA			
	TE	PTE	SE	RTS	TE	PTE	SE	RTS
北京	1	1	1	-	1	1	1	-
天津	0.938	1	0.938	drs	0.911	1	0.911	drs
河北	0.923	0.953	0.968	drs	0.919	0.989	0.929	drs
上海	0.948	0.948	1	drs	0.963	0.963	1	drs
江苏	1	1	1	-	1	1	1	-
浙江	0.941	0.964	0.976	drs	1	1	1	-
福建	0.954	0.972	0.981	drs	1	1	1	-
山东	0.939	0.963	0.975	drs	0.899	0.982	0.916	irs
广东	1	1	1	-	1	1	1	-
湖北	0.878	0.925	0.949	irs	0.859	0.932	0.922	irs
湖南	0.825	0.891	0.926	drs	0.849	0.919	0.924	drs
河南	0.872	0.921	0.947	irs	1	1	1	-
四川	0.892	0.892	1	drs	0.872	0.872	1	drs
陕西	0.922	1	0.922	drs	0.952	1	0.952	drs
甘肃	0.942	0.965	0.976	drs	0.932	0.943	0.988	drs
内蒙古	0.842	0.902	0.934	drs	0.859	0.891	0.964	irs
辽宁	0.846	0.905	0.935	drs	0.816	0.884	0.923	drs
全国	0.847	0.927	0.914	-	0.887	0.931	0.953	-

1. 总体结果分析

计量模型的第三阶段，我们对样本省份进行效率测算，结果显示，北京市、广东省、江苏省、河南省、浙江省和福建省的政府购买居家养老服务效率处于生产前沿面，无论是规模效率还是纯技术效率均为1；天津市、上海市、四川省、陕西省的政府购买居家养老服务效率属于弱 DEA 有效，其中，天津市和陕西省的纯技术效率处于生产前沿面，说明这两个省份政府购买居家养老服务的管理制度、治理结构等技术层面效率较高，但政府购买居家养老服务的投入方面需要加强，上海市、四川省的规模效率处于生产前沿面，说明这两个省级政府购买居家养老服务在养老资源投入和配置方面领先，但在管理制度、治理结构等技术层面还有进一步强化的空间；河北省、山东省、湖南省、湖北省、甘肃省、内蒙古自治区、辽宁省等其余省份的政府购买居家养老服务效率均未达到效率性的要求，需要在技术和规模两个层面加强。

从全国平均情况来看，全国政府购买居家养老服务平均效率为0.887，距离生产前沿面还有0.113，整体效率水平较低，规模效率高于纯技术效率，8个省份的政府购买居家养老服务属于规模效率递减，湖北省、山东省、内蒙古自治区属于规模效率递增。

2. 各省份比较分析

（1）政府购买居家养老服务总效率

在政府购买居家养老服务总效率方面，调整后，全国范围的政府购买居家养老服务效率有所提升，原本处于低效率的浙江省、福建省和河南省达到了生产前沿面，属于 DEA 有效，7个省份的政府购买居家养老服务总效率有不同程度的提高，7个省份的政府购买居家养老服务总效率都有不同程度的下降，效率提升最大的是河南省，从一阶段 DEA 的 0.872 提高到三阶段 DEA 的 1。各省份在政府购买居家养老服务综合效率方面的情况详见图 4-1。

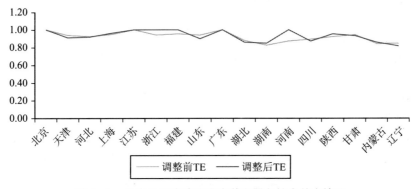

图 4-1　各省份政府购买居家养老服务综合效率情况

（2）政府购买居家养老服务纯技术效率

在政府购买居家养老服务纯技术效率方面，调整后，9 个省份的政府购买居家养老服务纯技术效率有所提升，纯技术效率提升最大的河南省，从一阶段 DEA 的 0.921 提高到三阶段 DEA 的 1，浙江省、福建省等 8 个省份的政府购买居家养老服务纯技术效率处于生产前沿面，属于纯技术方面的 DEA 有效。各省份在政府购买居家养老服务纯技术效率方面的情况详见图 4 - 2。

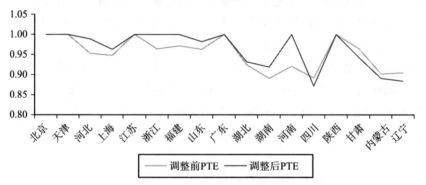

图 4 - 2　各省份政府购买居家养老服务纯技术效率情况

（3）政府购买居家养老服务规模效率

在政府购买居家养老服务规模效率方面，调整后，6 个省份的政府购买居家养老服务规模效率都有不同程度的下降，规模效率下降最大的山东省，从一阶段 DEA 的 0.963 下降到三阶段 DEA 的 0.916，上海市、河南省等 8 个省份的政府购买居家养老服务纯技术效率处于生产前沿面，属于规模方面的 DEA 有效。各省份在政府购买居家养老服务规模效率方面的情况详见图 4 - 3。

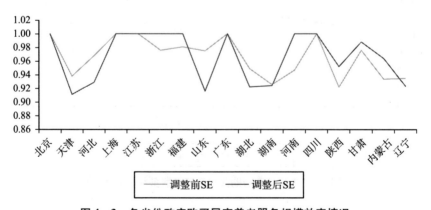

图 4 - 3　各省份政府购买居家养老服务规模效率情况

3. 区域效率差异对比

根据目前我国对东部、中部、西部和东北地区的划分①，我们将样本选择的17 个省份划分为不同地区（如表 4 -9 所示），以便于我们对各区域进行比较研究分析。

表 4 -9　　　　　　　　　　　　样本区域划分

所属区域	包含省份
东部地区	北京、天津、河北、上海、江苏、浙江、福建、山东、广东
中部地区	湖北、湖南、河南
西部地区	四川、陕西、甘肃、内蒙古
东北地区	辽宁

调整前后，政府购买居家养老服务总效率变化最大的是西部地区，三阶段 DEA 后，我国政府购买居家养老服务总效率排名是东部地区 >中部地区 >西部地区 >东北地区；调整前后，政府购买居家养老服务的纯技术效率变化最大的是中部地区，西部地区和东北地区的政府购买居家养老服务纯技术效率出现了下降，政府购买居家养老服务纯技术效率的排名为东部地区 >中部地区 >西部地区 >东北地区；调整前后，政府购买居家养老服务的规模效率变化最大的是西部地区，而东部地区、中部地区和东北地区的政府购买居家养老服务规模效率出现了下降，政府购买居家养老服务规模效率的排名为中部地区 >东部地区 >西部地区 >东北地区。

由此可以看出，从各区域来看，东部地区的规模效率有待提高，中部地区、西部地区和东北地区的纯技术效率有待提高；从全国来看，西部地区和东北地区在纯技术效率和规模效率均处于较低水平，管理制度、技术手段和资源投入都需

① 将我国划分为东部、中部、西部三个地区的时间始于 1986 年，由全国人大六届四次会议通过的"七五"计划正式公布。东部地区包括北京、天津、河北、辽宁、上海、江苏、浙江、福建、山东、广东和海南 11 个省（市）；中部地区包括山西、内蒙古、吉林、黑龙江、安徽、江西、河南、湖北、湖南、广西 10 个省（区）；西部地区包括四川、贵州、云南、西藏、陕西、甘肃、青海、宁夏、新疆 9 个省（区）。2000 年国家制定的在西部大开发中享受优惠政策的范围又增加了内蒙古和广西。目前，西部地区包括的省级行政区共 12 个，分别是四川、重庆、贵州、云南、西藏、陕西、甘肃、青海、宁夏、新疆、广西、内蒙古；中部地区有 6 个省级行政区，分别是：山西、安徽、江西、河南、湖北、湖南；东部地区包括 10 个省级行政区，分别是：北京、天津、河北、上海、江苏、浙江、福建、山东、广东和海南；东北地区有 3 个省级行政区，分别是：黑龙江、吉林和辽宁。

要进一步加强。

调整前后各个地区效率对比如表 4 - 10 所示。

表 4 - 10　　　　　　　　调整前后区域效率差异对比（2016 年）

地区	TE1	TE3	PTE1	PTE3	SE1	SE3
东部地区	0.932	0.94	0.965	0.977	0.966	0.962
中部地区	0.877	0.912	0.901	0.945	0.973	0.965
西部地区	0.812	0.864	0.926	0.912	0.877	0.947
东北地区	0.846	0.816	0.905	0.884	0.935	0.923

四、主要结论

第一，我国大部分省份的政府购买居家养老服务效率受到地区经济发展水平、城镇化程度、老年人口抚养比等环境因素的影响，在充分考虑外部环境因素和随机扰动因素差异后，我国 7 个省份的政府购买居家养老服务效率有不同程度的提高，7 个省份的政府购买居家养老服务效率有不同程度的下降，北京、江苏和广东没有发生变化，始终处于生产前沿面。受环境有利因素影响的省份多集中在东部，如浙江省、福建省、上海市，而受环境不利因素影响的省份多集中在中西部及东北地区，如湖北省、四川省、甘肃省以及辽宁省。

第二，在剔除环境因素后，样本三个直辖市中只有北京市的综合技术效率处于生产前沿面，天津市在政府购买居家养老服务的管理制度、技术手段等纯技术效率方面有待加强，上海市在资源投入和资源配置等规模效率方面有待加强。

第三，在剔除环境因素和随机扰动因素的影响后，从政府购买居家养老服务总体效率来看，我国政府购买居家养老服务效率的区域排名为东部地区＞中部地区＞西部地区＞东北地区，东部地区综合技术效率最高，西部地区和东北地区在纯技术效率和规模效率均处于较低水平，管理制度、技术手段和资源投入都需要进一步加强。分析各区域对应的两个分项指标后，我们发现，除了环境因素和随机扰动因素外，东部地区的规模效率有待提高，中部地区、西部地区和东北地区的纯技术效率有待提高。

第五章 基于绩效的政府购买居家养老服务财政激励机制优化

面对日益严峻的人口老龄化趋势，需建立一个将居家养老服务的需求、财政资金来源、绩效、财政激励相连接的综合体系，从而确保居家养老服务的质量。财政激励机制具有收入再分配效应，是财政资金在多元合作主体间的有效供给，居家养老服务的准公共品性质决定了财政支持是实现居家养老可持续发展的关键因素，必须加强财政资金的激励机制。本章在第三章、第四章相关研究内容的基础上，围绕提高财政资金在政府购买养老服务中的有效供给为中心，利用财政激励方案财政资金的科学分配提出可操作性模式设计。

第一节 基于绩效的财政激励方案的基本思路

本书借鉴多元主体合作供给模式，结合我国政府购买居家养老服务的功能定位和运营情况，设计并推行基于绩效的财政激励机制（Performance-based Fiscal Incentive Program，以下简称"PFIP 机制"），以整合购买居家养老服务资金为前提，以竞争性分配为手段，以绩效管理为目的，将整合资金、竞争性分配、绩效管理形成一个有机联系的整体，相辅相成，从机制上引导政府购买居家养老服务各个相关部门形成自我约束机制和自我激励提高的管理意识。基于绩效的财政激励机制设计的整套体系包括指标设定、数据收集、绩效评估等环节，以及促进政府购买居家养老服务能力建设方面所设计的激励与约束措施，对政府购买居家养老服务运营目标的实现起到可靠而持续的保障，从而全面改善我国居家养老服务供给的情况。

PFIP 机制以一系列最低标准为条件，制定政府购买居家养老服务供给的多重目标，通过对各地方政府购买居家养老服务发展的合理规划、财政预算管理以及良好治理等方面进行机制设计，设立相应的、合理的绩效目标，提升政府购买居家养老服务的绩效，同时可以加强居家养老服务领域各参与主体的能力建设。

因此，PFIP机制更注重政府购买居家养老服务供给的质量和方式，而不仅仅是通过控制投入来管理绩效或忽视过程和结果，而且在整体方案实施过程中，引入竞争性资金分配机制和第三方评估模式加强对居家养老服务质量和模式的监督。因此，基于绩效的财政激励机制优化的总体思路是构建以政府购买居家养老服务为中心，以科学系统的养老规划为前提，以有效的监测评价和激励机制为制约，以社会组织和服务企业广泛参与为保障，以能力建设为支撑的"五位一体"的竞争性资金激励方案。

第二节　基于绩效的财政激励方案的具体措施

一、前期调研工作

PFIP机制设计的核心在于能够根据中央和地方政府购买居家养老服务的实际情况分配用于省级政府和各个市县级政府的激励资金，并以实施绩效作为下一年度激励资金多少的依据，而PFIP机制的顺利推行及取得预期成效依赖以下几个条件：

（1）良好的养老服务规划。规划必须充分反映政府购买居家养老服务的实际情况和本地老年人居家养老服务的需求；规划必须系统考虑包括财政资金在内的各渠道资金来源，对资金安排作出通盘统筹。良好而严格的规划既是实现规划与激励资金之间有效衔接的前提，也是确保激励资金不被滥用的保障。

（2）有效的监测评估。要开发科学、合理、易于操作的绩效评估指标体系，明确反映方案实施的产出、成果或者影响；同时要建立客观、独立、公正的监测评价体系。有效的监测评估体系是确保政府购买居家养老服务绩效激励有效的关键性要素。

（3）充分的社会组织和市场主体参与。只有让更多的社会组织、敬老协会、服务企业等主体参与到居家养老服务领域，才能使财政资金的配置充分反映老年人居家养老服务的真正需求。

（4）足够的机构和人员能力。如果居家养老服务体系能力建设出现匮乏，再好的规划、再好的监测评估体系都难以真正实施。

因此，首先要对各个省级政府进行前期全国调研。调研的目标在于为"基于绩效的政府购买居家养老服务激励机制设计"的实施进行前期诊断准备工作。在建立 PFIP 机制评估和监测指标之前，对各个省级政府的运行能力和表现进行先期摸底，并为 PFIP 机制的设计提供重要依据。调研的对象包括各个省级政府。

调研内容和方法：事前准备详细的政府购买居家养老服务调研问卷，调研问卷的主要内容包括政府购买居家养老服务的预算管理（包括计划、预算、政府购买服务、预算执行、报告、审计和事后审计），政府购买居家养老服务的人力资源建设情况、提供的居家养老服务的发展现状、类型和具体数据、与政府部门、市场微观主体和社会组织等资源的协调整合情况、政府购买居家养老服务的组织架构和职能分工、居家养老服务领域各个相关政府部门现有的监督和评价体系、居家养老服务领域各个相关政府部门外部监测和评价体系情况、限制政府购买居家养老服务能力建设和服务管理的因素等。

在调研之前，需要将政府购买居家养老服务调研问卷中所要求收集的数据、资料清单先期发给各个省级政府、省级以下市县级政府及其相关部门，调研问卷也根据调研单位进行拆分并与调研清单一起提前发调研单位，以便各个单位提前做好准备。

根据各个省级政府及其相关部门的调研情况分别撰写诊断报告，在分报告的基础上整合材料和数据形成政府购买居家养老服务总报告。

二、PFIP 机制核心环节：绩效激励资金分配方案

在政府购买居家养老服务过程中，各个省级政府及其相关部门的功能定位不同，决定了相应的包含最低标准和绩效标准在内的绩效指标体系有所差异，从而在设计 PFIP 机制时也必须充分考虑这种区域差异性，这样才能分层次、分重点、全面科学地进行财政资金的激励分配。

（一）建立省级政府绩效评价指标体系

省级政府购买居家养老服务绩效评价指标体系如表 5 - 1 所示。

表 5 - 1　　　　　　省级政府购买居家养老服务绩效评价指标体系

类别	主要指标	权重（%）	最低标准（MCs）（%）	绩效标准（PMs）
居家养老服务	居家养老服务种类数	10	全国平均水平	低于全国平均水平，得 50 分，每高于全国平均水平 5 种以内，加 10 分，满分 100 分

续表

类别	主要指标	权重（%）	最低标准（MCs）（%）	绩效标准（PMs）
居家养老服务	居家养老服务老年人覆盖率	12	全国平均水平	低于全国平均水平，得50分，每高于全国平均水平1%以内，加15分，满分100分
	享受居家养老服务失能、高龄和低收入老年人占比	8	全国平均水平	低于全国平均水平，得50分，每高于全国平均水平0.5%以内，加20分，满分100分
	享受居家养老服务老年人数与专业护理服务人员比重	10	全国平均水平	低于全国平均水平，得50分，每高于全国平均水平0.01%以内，加15分，满分100分
健康支持	老年人健康素养	11	8	低于8%，得50分，每高于全国平均水平0.5%以内，加15分，满分100分
	65岁以上老年人健康管理率	9	50	低于50%，得50分，每高于全国平均水平3%以内，加10分，满分100分
社会参与	老年志愿者注册人数占老年人口比例	13	10	低于10%，得50分，每高于全国平均水平1%以内，加15分，满分100分
	城乡社区基层老年协会覆盖率	7	80	低于80%，得50分，每高于全国平均水平3%以内，加20分，满分100分
投入保障	福彩公益金用于养老服务业的比例	10	35	低于35%，得50分，每高于全国平均水平5%以内，加15分，满分100分
	人均购买居家养老服务财政支出	10	全国平均水平	低于全国平均水平，得50分，每高于全国平均水平1%以内，加20分，满分100分

（二）资金来源

供选择的资金方案及其优缺点可归纳为表5-2。

表 5 - 2　　　　　省级政府购买居家养老服务资金渠道及优缺点

资金渠道	优点	缺点
方案 A：中央财政和省级政府财政部门安排政府购买居家养老服务增量预算资金（纯增量改革）	易于对省级政府及其相关部门提供强大的财政激励	面临一定的预算压力；难以对增量投入和存量投入资金统筹规划并单独核定增量资金的绩效
方案 B：中央财政和省级政府财政部门按照绩效调整下一预算周期的财政资金投入（纯存量改革）	不增加中央财政预算资金的支出压力	省级政府及其相关部门面临较大的财政风险，财政激励明显不足
方案 C：各省级政府及其相关部门每年度安排一定的预算资金，中央财政根据绩效考核调整安排增量资金，将增量资金和存量资金结合（总量改革）	易于对各个省级政府及其相关部门提供激励；可以将增量投入与存量投入资金统筹规划并资金绩效	各省级政府及其相关部门面临一定的财政风险
方案 D：争取福利彩票公益金、养老服务基金或养老债券的资金支持	对中央财政、省级财政部门均有激励	支持资金具有不确定性且数额不可能大
方案 E：鼓励和支持社会和企业资金进入	有利于筹资渠道多元化并提高资金使用效率	需要更为灵活复杂的资金结构，对监管水平的要求更高

　　根据各个省级政府居家养老服务的发展现状，本书建议应以方案 C 为主，即各省级政府及其相关部门每年度安排一定的预算资金，中央财政根据绩效考核调整安排增量资金，将增量资金和存量资金结合。同时，以方案 D 和方案 E 为补充方案，争取福利彩票公益金、养老服务基金或养老债券等金融机构的支持，并积极鼓励和支持社会和企业资本的进入。

　　省级政府购买居家养老服务的财政绩效激励资金来源具体为以上一年度省级政府购买居家养老服务预算资金为基数，省级政府财政部门在居家养老服务领域增加预算 10%，中央政府财政部门在居家养老服务领域增加预算 15%，共计 25% 的增量资金。

（三）财政绩效激励资金的激励约束机制

　　根据前述设计的省级政府购买居家养老服务绩效评价指标体系和各省级政府购买居家养老服务发展和投入现状，通过一定的绩效评估方式，得到某省级政府部门的绩效得分，依据表 5 - 3 设定的条件对财政绩效激励资金进行分配。

表 5 – 3   省级政府购买居家养老服务激励约束机制

绩效得分及条件	激励/约束
任意第一指标得分低于 50 分（最低条件 MCs）	下一预算年度没有财政激励资金
达到 MCs 并且绩效得分（PMs）低于 60 分的	获得下一预算年度财政激励资金的 20%
达到 MCs 并且绩效得分（PMs）60 ~ 70 分的	获得下一预算年度财政激励资金的 40%
达到 MCs 并且绩效得分（PMs）71 ~ 80 分的	获得下一预算年度财政激励资金的 60%
达到 MCs 并且绩效得分（PMs）81 ~ 90 分的	获得下一预算年度财政激励资金的 80%
达到 MCs 并且绩效得分（PMs）90 分以上的	获得下一预算年度财政激励资金的 100%

从表 5 – 3 可以看出，如果某省级政府的购买居家养老服务绩效得分未满足 PFIP 机制设定的最低条件，某省级政府及其相关部门在下一预算年度将没有获得来自中央和省级政府的财政绩效激励资金，实质上相当于削减了上一年度预算的 10%；如果某省级政府的购买居家养老服务绩效得分满足 PFIP 机制设定的最低条件且绩效得分在 50 ~ 60 分，某省级政府及其相关部门在下一预算年度将获得 20% 来自中央和省级政府的财政绩效激励资金，实质上相当于增加了上一年度预算的 5%；如果某省级政府的购买居家养老服务绩效得分满足 PFIP 机制设定的最低条件且绩效得分在 60 ~ 70 分，某省级政府及其相关部门在下一预算年度将获得 40% 来自中央和省级政府的财政绩效激励资金，实质上相当于增加了上一年度预算的 10%；如果某省级政府的购买居家养老服务绩效得分满足 PFIP 机制设定的最低条件且绩效得分在 71 ~ 80 分，某省级政府及其相关部门在下一预算年度将获得 60% 来自中央和省级政府的财政绩效激励资金，实质上相当于增加了上一年度预算的 15%；如果某省级政府的购买居家养老服务绩效得分满足 PFIP 机制设定的最低条件且绩效得分在 81 ~ 90 分，某省级政府及其相关部门在下一预算年度将获得 80% 来自中央和省级政府的财政绩效激励资金，实质上相当于增加了上一年度预算的 20%；如果某省级政府的购买居家养老服务的绩效得分在 90 分以上，则某省级政府及其相关部门将在下一预算年度获得全部的财政绩效激励资金，实质上相当于增加了上一年度预算的 25% 增量。

三、绩效指标评分和评估程序

（一）绩效指标评分

财政绩效激励资金分配中包含了保障性财政资金和绩效激励资金，因此相对应的必须设定保障性财政资金的最低条件（Minimum Conditions，MCs）和绩效衡量（Performance Measures，PMs）。前者决定了各个省级政府购买居家养老服务是否可获得稳定的财政资金，后者则决定了各个省级政府购买居家养老服务可获得的绩效激励资金量。

首先，设定最低条件（MCs）是必要的，最低条件对应总体绩效评估指标，MCs 是基本条件，为了得到保障性财政资金，省级政府购买居家养老服务必须100% 达到要求。

其次，设定部门绩效指标 PMs，PMs 的评分要特别注意，因为产出指标得分计算难以消除基期绩效水平不同对本期真实绩效的影响以及指标值赋予在不同平台之间的可比性。因此我们采取标准化的方法，即取上行指标或者下行指标的期初与期末的变化值。具体的绩效指标 PM 评分方法如下：

（1）基本评分方法

为避免主观随意性，宜采用简单平均方法，将具体指标的得分加总平均为该窗口平台的绩效得分。

（2）过程指标得分的计算

过程指标分为两类。一类为是/否指标，其得分计算依据简单："是"者得100 分，"否"者得 0 分；另一类为更定性的指标，其得分的多少由绩效评价专家根据省级政府提供的材料主观打分。为确保客观性，过程指标以第一类指标为主，辅以必要的定性评分指标。

（3）投入/产出和结果指标得分的计算

考虑到省级政府购买居家养老服务绩效衡量的是老年人享受居家养老服务质量的改善和水平的提高，产出和结果绩效的计算原则上采用增量计算法，即计算与基期相比，报告期该指标值的变化程度。

产出指标得分计算的难点在于：尽管可以根据监测评价数据计算出指标值，但是难以消除基期绩效水平不同对本期真实绩效的影响以及根据指标值赋予在不同省级政府之间可比的分数。在此，可以采用以下标准化方法：

①设 X_{i1} 和 X_{i2} 分别为省级政府 i 绩效评价指标 X 在期初和期末的值，$i=1$，2，3，…，N。

则省级政府 i 该项指标期末与期初相比的变化值为：

$\Delta X_i = X_{i2} - X_{i1}$，针对上行指标，即指标值趋于增加的指标；

$\Delta X_i = |X_{i2} - X_{i1}|$，针对下行指标，即指标值趋于降低的指标。

②为降低不同省级政府购买居家养老服务基期绩效不同所带来的影响，对ΔX_i 进行如下矫正处理：

$\Delta X_i' = \Delta X_i \times X_{i1} / AVE(X_{i1})$，针对上行指标；

$\Delta X_i' = \Delta X_i \times AVE(X_{i1}) / X_{i1}$，针对下行指标。

其中，$AVE(X_{i1})$ 是各个省级政府购买居家养老服务初值的平均值，即

$$AVE(X_{i1}) = \frac{\sum X_{i1}}{N}, \quad i = 1, 2, 3 \cdots\cdots, N。$$

③找出各个省级政府购买居家养老服务 $\Delta X_i'$ 中数值最高者 $\Delta X_j'$，即各个省级政府购买居家养老服务 j 的该值最高。

④在评分时，赋予省级政府 j 的绩效指标得分为 100 分。

⑤其他省级政府购买居家养老服务绩效指标得分为：$S_i = \Delta X_i' / \Delta X_j' \times 100$。

尽管这样的处理方法存在一定的缺陷，但这种得分计算法降低了基期值不同对绩效评价的影响，且可以实现不同省级政府购买居家养老服务之间的绩效对比，从而为财政绩效激励资金分配提供依据。

如果某省级政府购买居家养老服务某些指标的数据没有收集，则该市县级政府购买居家养老服务该项指标得分为 0。

（二）绩效评估程序

在实践操作中，在此建议，采取外部评估和内部评估相结合的方式，外部评估，进行外包，并结合不同的相关利益者参与（如各级政府、社会组织、敬老协会、服务企业，以及提供居家养老服务的专业化护理人员和接受居家养老服务的老年人）。

四、绩效监测系统

为了实现激励的目标，省级政府购买居家养老服务需要通过检查绩效链条来决定项目活动是否能够达到预期结果。为此，需要监测项目的整个活动，包括投入（包括用于产出的资源）、产出（老年人享受居家养老服务的数量和质量以及产出途径）、结果（老年人享受居家养老服务服务中期或者远期的影响或者实现目标上所取得的进展）以及影响范围（老年人享受居家养老服务服务的受益方和受损方），通过强调相互之间的信任加强委托人——代理人之间应承担的责任，因此 PFIP 机制的重心从对投入的严格监管转向对绩效及其测量的监管得以实现。具体的实施方案如下：

1. 数据采集、审核和更新

要使监测评价客观公正，必须建立不受任何参与方人为影响的独立的数据采集、审核与更新机制。

（1）独立的数据采集与审核

监测评价中涉及的数据，一是自动生成的数据，主要是数据汇总计算时自动生成的数据。这部分数据要有审核，以便发现可能的计算错误和不合理的原始数据。二是人工报送的数据，主要是资金拨付、经费分配、运营维护和决算数据等。这部分数据要有专人负责抽样审核。三是居家养老服务问卷调查数据，主要绩效评价中信息公开、服务提供过程中的透明度、对老年人和专业化护理人员意见的反馈和采纳情况、老年人对公共服务供给的评价（如可用性、可靠性、质量、管理水平、总体满意度）、投诉处理情况等。这部分数据需要通过问卷调查获得，并应建立抽样审核机制。四是综合性产出数据，这部分数据源自现有的统计系统，对这部分数据也应审核，发现数据异常时，应进行必要的调整。

（2）更新

上述数据需要进行年度、季度、月度更新，以满足事中和事后评估的需要。

（3）评价前的再次审核

所有监测数据在进行评价前，均需确定专人进行最终的数据审核。对有问题的数据进行及时更正，对问题原因进行分析，并提出防止问题再次出现的措施。

2. 建立独立的监测评估体制

根据以往实践经验看，当绩效与奖惩挂钩时，数据的客观性往往会受到趋利动机的干扰，数据造假也可能会出现，这无疑会影响到监测评价的客观性。应对这种干扰的措施，提出以下建议：一是由独立的第三方（研究机构或高校）承担监测评价工作。二是监测评价机构生成的数据、居家养老服务问卷调查数据和综合性产出数据，由监测评价机构人员采集与更新；试点过程中自动生成数据和人工报送数据，由监测评价机构指定专人核查。三是不管采取外部评价还是内部评价，都应确保监测评价过程和结果的公开与透明。

第六章 发达国家居家养老服务经验借鉴

目前，我国政府购买居家养老服务尚处于地方模式探索阶段，各地方政府根据本地区实际情况和规划要求，分别因地制宜地出台了相关的购买居家养老服务实施办法。美国、日本、澳大利亚、德国等发达国家早已进入老龄化社会，且老龄化程度不断加深，在政府购买居家养老服务方面有很多经验值得借鉴，在应对老龄化过程中，这些国家提倡让老年人"回归到熟悉的家庭环境中"安享晚年，以居家养老为理念，以政府、社会组织、服务机构、社区为多元合作主体，形成了完善的居家养老服务体系。

第一节 发达国家居家养老服务的典型经验

一、美国居家养老服务

（一）基本情况

作为世界上最主要经济体之一，美国面临越来越严重的人口老龄化问题。在制造业居于国际主导地位的 20 世纪 50 年代，美国人口中超过 65 岁的老年人占比不到 10%，而到 2050 年，这一比例将增长到 20%，增加了 1 倍多。美国老龄化署（The Administration on Aging，AOA）每年都会根据美国人口普查数据编制的老年人口最新统计，发布介绍"美国老年人概况"的相关报告[①]。该报告数据显示，老年人是美国人口增长最快的人群之一，2016 年美国有 6500 万 60 岁及以上的老年人口，到 2020 年，60 岁以上的人口将超过 7700 万人，其中 65 岁以上

---

① 美国老龄化署（The Administration on Aging，AOA）发布的《美国人口老龄化概况报告》中提供了 65 岁以上人口统计数据变化的数据，包括 15 个主题领域（如人口，收入和贫困，生活安排，教育，健康和看护）等老龄化发展情况。

的老年人口将达到 5600 多万人。除了一小部分老年人之外，大部分老年人生活在非机构环境中，这一数据也从侧面反映了居家养老是美国老年人偏好的主要养老方式。乔尔·科特金和温德尔·考克斯（Joel Kotkin and Wendell Cox）发布的《美国老龄时代：最快"变老"的城市》表明，2016 年，美国城市 65 岁以上的老年人占比为 13.3%。根据人口普查的预测，到 2050 年，美国 65 岁以上的人口将较之 2016 年增加近一倍，达到 8170 万人，老年人占总人口的比例从 2016 年的约 15% 上升到 21%（见图 6 - 1）。美国每天都有超过 1 万名"婴儿潮一代"的老年人进入到 65 岁的群体中。乔尔·科特金和温德尔·考克斯在报告中认为，在未来的几十年里，随着老龄化进程会加快，美国各领域的压力将会越来越严峻。

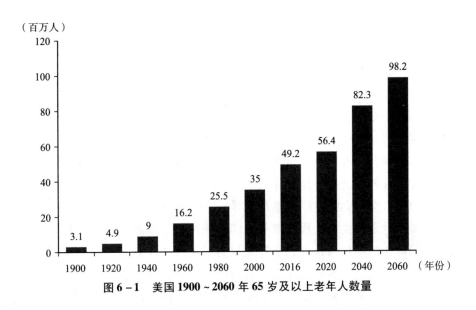

图 6 - 1　美国 1900 ~ 2060 年 65 岁及以上老年人数量

　　老龄化进程的加快影响到美国经济和政治生活的方方面面。首先，美国平均年龄的增长将导致更大比例人口的退休，由此影响到美国整体的劳动力规模和结构、经济增长所必需的就业机会。美国劳工统计局在 2016 年对老年人就业开展了数据统计，结果发现，老龄化的动态变化已经对全美劳动力规模和结构产生了不可忽视的影响，统计数据表明，截至 2016 年 8 月，超过 920 万 65 岁以上的美国人从事全职或兼职工作，在 2007 年这一群体为 560 万，十年间，65 岁以上从事全职或兼职工作的美国人增加了 64%。其次，随着劳动力人口的老龄化，整体经济的生产力将会降低，国民经济研究局（National Bureau of Economic Research，NBER）最近一项研究发现，美国 60 岁以上老年人口的比例每增加

10%，人均 GDP 增长率将降低 5.5%。生产率增长的放缓将给美国社会带来巨大的挑战。简而言之，"衰老"会影响一切，美国已经进入老龄化社会是长期持续存在的事实，美国公共广播电台等媒体将这一现象描述为美国"衰老时代的到来"，并认为人口老龄化导致的社会永久性转型现象，将是美国正在和未来一直面临的严峻现实。但美国政府财政资金投入不足、老龄人口迅速增长以及赤字削减失衡的累积影响可能会威胁到养老服务体系建设的可持续性，进而影响到美国老年人的"健康、尊严和独立性"的生活。美国老龄化组织领导委员会①经过测算认为，在现有情况下，为了匹配美国老年人口增长的速度，财政资金投入在未来几年必须每年至少增长 12%，但现实情况并不客观，2018 年 2 月，特朗普政府提交 2019 财年的预算提案时，取消了包括老年人社区服务、老年人志愿计划、低收入老年人食品补助计划等多项有利于老年人的项目，美国老龄化面临更为严峻的挑战。

（二）主要做法

1. 立法先行，为美国居家养老服务提供坚实的法律基础

为了满足不断增长的养老服务需求和应对老年人缺乏社区和居家服务的困境，美国国会在 1965 年通过了美国老年人法案（Older Americans Act，OAA）。美国老年人法案共包含七个方面内容（Title I - Title Ⅶ），确立了支持 60 岁以上老年人享受服务和帮助的一揽子计划，这些计划优先关注那些最需要帮助的老年人。主要包括法案设立的目标及惠及人群、设置的管理和服务机构、各类服务和帮助老年人的计划与关键工程、老年人津贴使用、保障老年人健康长寿的活动、年长的美国原住民津贴与补助、老年人权力保护行动计划等。在居家服务方面，美国老年人法案提出了多项老年人支持性服务，包括营养服务、居家养老服务、支持居家照顾者、老年人就业和防止虐待忽视和剥削老年人的服务等；在养老预算方面，作为联邦政府提供养老服务的最主要政策工具，美国老年人法案赋予联邦政府向各州政府提供补助（Grant）和转移支付的权利，用于老年人的社区规划与社会服务、老龄化问题研究和开发项目以及老年人群服务的专业人员培训；在机构设置方面，该法案设立了美国老龄化署，专门负责对接管理新设立的关于老龄化方面的政府补助项目，并承担全美老龄化问题的政府间联络职责②。尽管美国老年人在许多其他的联邦政府项目下享受相应的服务，但美国老年人法案一

---

① 美国老龄化组织领导委员会是由 72 个为老年人服务的非营利组织组成的联盟。

② 除了美国老年人服务就业（CSEOA）计划由美国劳工部负责外，美国老年人法案授权的所有项目和工程基本都是由美国老龄化署负责。

直是政府、社会组织向老年人提供全方位服务的最主要路径。2016 年，美国老年人法案重新授权了 2017～2019 财年的高龄津贴计划拨款，增加了长期护理监察专员计划、老年人受虐待筛查和预防工作，旨在进一步保护弱势老年人，加强老年人的权益保护及管理工作。经修订的美国老年人法案，为美国老年人及其家庭提供了基于社区和家庭的服务和帮助。美国老年人法案在养老服务、财政预算、机构管理等方面做出详细规定，为美国政府提供养老服务提供了坚实的法律基础。

2. 构建庞大的全国服务网络，基本实现养老人群全覆盖

美国老年人法案（Older Americans Act，OAA）建立了一个由联邦政府、州政府和地方相关机构组成的多级全国性养老服务网络[1]，在养老服务网络内部，相关机构实施计划并提供各项法案规定的养老服务和帮助，推动和支持老年人在家庭和社区内部实现居家养老、独立生活。这种由相互关联的政府部门、社会组织、企业等机构组成的网络化组织结构被称为美国"老龄化网络"（the aging network）。

美国老龄化网络包括 56 个负责老龄化工作的州政府机构，629 个地区性机构，244 个部落组织，以及代表 400 个部落的 2 个夏威夷原住民组织。此外，美国老龄化网络得到将近 2 万名养老服务提供者和志愿者的支持，涵盖超过 260 个美国养老服务项目。各级政府及相关部门依据美国老年人法案，为老龄化网络提供相应资金支持、技术支持和绩效监督。老龄化网络旨在为老年人及其家庭照料者建立一个全面、协调的家庭和社区服务体系。老龄化网络覆盖全国的每一个社区，在养老服务的战略规划、规划开发、管理和服务中发挥着至关重要的作用。老龄化网络主要由以下机构组成：

一是美国老龄化署[2]。该机构是负责实施美国老年人法案最主要的部门，隶属于美国社区生活署[3]（The Administration for Community Living，ACL）[4]，美国老龄化署的使命在于帮助老年人在家庭和社区中依然保持"有尊严和独立的晚年生活"，致力于支持老龄化网络，制定和有效实施相关的养老服务项目，通过全面

---

① https：//eldercare. acl. gov/Public/About/Aging_Network/Index. aspx。

② https：//eldercare. acl. gov/Public/About/Aging_Network/AoA. aspx。

③ https：//www. acl. gov/about – acl/organization。

④ 美国社区生活署（ACL）是美国卫生部（The U. S. Department of Health & Human Services，HHS）的直属部门。美国社区生活署由署长领导，直接向美国卫生部长报告。社区生活署的首席副署长是卫生部残疾政策秘书的高级顾问。美国社区生活署汇集了奥巴马政府在养老服务领域的努力和成就，通过社区为全美老年人和残疾人提供全方位的服务和帮助，并开展多级政府间养老政策的协调工作。

高效的长期护理体系和遍布美国的社区，向老年人及其家庭照顾者提供信息和技术援助，宣传居家养老服务，组织居家养老服务专业人员的培训和学习，并根据美国老年人法案和其他法案的授权，管理和实施联邦政府补助项目，为老年人及其照料者的居家养老和社区管理提供支持和帮助。二是老龄化州政府机构（State Units on Aging，SUA）。负责老龄化工作的州政府部门包括 56 个州的老龄化机构、244 个部落组织和 2 个夏威夷原住民组织，运行所需的财政资金由美国老龄化署提供，为各地老年人提供营养服务和支持性家庭和社区服务。此外，老龄化州政府机构还负责老年人的疾病预防与健康促进服务、老年人权利计划（长期护理监察员计划、法律服务和虐待老年人预防工作）、国家家庭护理支持计划（NFCSP）和美国原住民护理支持计划（NACSP）等项目的资金分配。三是地区性老龄化机构（Area Agencies on Aging，AAA）。地区性老龄化机构为每一个养老服务项目计划和服务区域（Planning and Service Area，PSA）设立的，财政资金由老龄化州政府机构（SUA）负责分配，地区性老龄化机构确定每一个计划和服务区域（Planning and Service Area，PSA）的老年人需求，并通过政府补助来满足本地区的老年人需求。四是老龄化和残疾人资源中心（Aging and Disability Resource Center，ADRC）。老龄化和残疾人资源中心（ADRC）是美国老龄化署和美国医疗保险补助服务中心（CMS）的合作项目，将各地长期护理系统提供的支持和服务有效地整合起来，旨在促进老年人更好地享受长期护理服务。

3. 完善的财政资金支持方式为养老服务提供有力保障

通过分析美国联邦政府在老年人法案方面的预算编制与资金分配方式，我们可以看出，美国在居家养老服务方面的财政支出方式体现以下几个特点：一是各州政府养老服务支出必须满足联邦政府拨款的一般性要求。这些要求包括：州政府养老服务支出可以补充但不能取代联邦政府财政拨款；依据美国老年人法案授权的联邦政府补助需要州政府及地方政府进行配套，但配套资金的形式比较灵活，可以是财政资金，也可以是基于养老服务的相等市场价值的实物形式或志愿者时间；联邦政府的整笔拨款要求州政府或地方政府必须配套财政资金。二是基于因素法科学分配联邦政府资金。美国老龄化署通过州政府间资金分配公式（Inter‐State Funding Formula，ISFF）来配置老年人法案提出的资金（非竞争性补助资金），该公式的因素包括五个方面：根据美国人口普查局最新数据的各州 60 岁以上老年人口数；任何州政府将得到不少于拨款总额的 0.5%；各州的面积；分配到各州的联邦政府拨款不得少于 2006 年的基数；各州分配到的数量随联邦政府拨款总额的增长呈比例增加，以 2006 年的数额为基准。州政府也必须按照资金分配公式（Inter – State Funding Formula，ISFF）的要求来向下分配联邦政府拨款，同时向美国老龄化署提交州政府养老服务计划，该计划必须由美国老龄化署秘书处同意。州政府可以根据自身情况随时修改养老服务计划和资金分配公式，对于州政府资金分配公式、因素权重等内容，老龄化署制定了相关要求，如要充分考虑到老年人的地理分布情况、经济需求最大的老年人群体、社会服务需求最大的老年人群体以及低收入的少数民族老年人群体等。三是设定养老服务保障投入资金（Maintenance of Effort，MOE）。保障投入资金在美国教育、医疗、养老等预算编制中常见的一项财政支出项目，它是指某州政府必须承诺对某一特定项目，在每个财政年度都要投入的财政资金数量，保障投入资金并不适用于所有的美国老年人法案项目，只对 LTCOP 和第五款的 SCSEP 两个项目适用，预算编制均要求每个财政年度各州政府在这两个项目中的投入不得低于 2000 年的水平。四是建立财政资金绩效管理制度。美国老龄化署通过国家老龄化计划信息系统（NAPIS）收集有关美国老年人法案计划表的信息和数据，通过绩效结果测量项目（POMP）开发工具和程序，来衡量根据《美国老年人法案》（OAA）资助的项目的影响。联邦政府以年度绩效报告的形式向国会提交政府在实现养老服务计划绩效目标方面进展的详细信息，国会通过绩效信息来决定下一年度财政预算。

4. 多元化的居家养老服务供给满足差异化的老年人需求

美国每个城市和城镇都为当地 60 岁及以上的老年居民提供一系列的居家养老支持服务。老年人和他们的家人可以通过当地的信息和援助计划或地区机构快速地找到他们需要的居家养老服务[①]。现有的居家养老服务涵盖老年人生活的方方面面，居家服务包含的范围较广，且服务内容更为细化，这些服务包括：老年人日间照料中心（为社区内的老年人提供健康、娱乐等社会服务，为残疾、有卫生保健方面问题的老年提供受保护空间）；照料者计划（国家家庭照料者支持计划 The National Family Caregiver Support Program 为在家照顾老年人的护理人员提供帮助和支持，同时为老年人抚养孙女/孙子提供一些有限的服务）；事件管理（个案管理者直接接触家庭成员和老年人，来评估老年人的独立性）；居家卫生服务（包括老年人伤口处理、定期体检、清洗导管和喂食等家庭日常保健护理服务）；家庭修理（修补有问题的管道和墙壁，修补屋顶，帮助老年人保持良好的住房条件）；家庭改造（通过翻新和改良，为老年人提供适宜的生活环境，保证

---

① https：//eldercare. acl. gov/Public/About/Aging_Network/Services. aspx。

老年人生活环境的安全性和独立性）；信息服务（信息专家上门提供关于老年人所需信息的帮助，并及时建立老年人和资源中心之间的联系）；营养服务（为居家的老年人提供"车轮上的食物"，将有营养的食物送到老年人家中，社区为60岁及以上的老年人提供聚餐，加强社区老年人之间的交流活动）；老年人护理服务（帮助有功能障碍的老年人提供洗澡、穿衣、购物、散步、家务、监督、情绪安全、精神抚慰等方面的帮助，也包括适当的老年人卫生保健），除此之外，美国各个社区居家养老服务还包括法律援助、解决住房、财政补贴申请、培训志愿、交通、信息化等，不仅涉及老年人的物质需求，还包括老年人精神方面的需求计划，老年人的"衣食住行"全涵盖，为老年人提供了全方位的支持服务。

二、日本居家养老服务

（一）基本情况

日本是世界上65岁以上人口比例最高的国家，在日本，人口老龄化速度一直在加快，20岁以下人口与65岁以上人口的比例急剧下降，从1950年的9.3下降到2025年预测的0.59。根据日本总务省人口普查部门公布的数据显示，截至2018年，日本65岁以上老年人口的数量占比约为28%[1]，而到2040年，这一群体将占其人口的1/3以上。作为世界上最"老"的国家之一，日本以前所未有的速度进入了深度老龄化阶段，成为名副其实的"银发社会"[2]，更为严峻的是，日本人口数量一直呈现减少的趋势，日本国家社保与老龄化问题研究中心预测数据显示，到2060年，日本总人口将从现在的1.2亿人缩减到0.86亿人，65岁以上老年人口将占比超过40%。老龄化与低生育率两大问题并存，加重了日本养老问题的经济压力和社会压力。与我国相似的是，日本有着强烈的传统家庭意识，认为并相信老年人应该在家庭照顾中安享晚年生活，随着老龄化程度的加深与劳动力人口的锐减，老年人的晚年照料为整个家庭带来沉重的负担，这一现象甚至被称之为"照料的黑暗"（caregiving hell）。很多家庭劳动力，特别是女性，选择辞职以照料家中的老年人，社会劳动力水平进一步降低，这其中相当一部分养老专业护理人员也因传统观念中"有义务在家照料老人"而退出养老服务护理行业，导致养老服务领域专业人员逐步匮乏，不仅如此，随着65岁以上老年人口数量显著增加，日本政府同样面临"财政压力"，2016年，日本医疗财政支出约为42万亿日元，30%以上用于老年人群体，这一数字预计到2025年将增长到

---

① http：//www. stat. go. jp/english/data/jinsui/tsuki/index. html。

② Nakane J，Farevaag M. Elder care in Japan. Perspectives. 2004. Spring；28（1）：17－24. Review.

62 万亿元。日本老龄化及由此带来的养老问题是世界上其他国家所没有经历过的，养老服务财政负担不断加重，迫使日本政府必须创新和改善现有的养老服务制度，长期护理制度（long-term care system，LTC）应运而生。

日本长期护理制度（long-term care system，LTC）的建立除了与日益增加的财政压力有关外，还有两个重要原因。一是家庭照料单一性导致养老风险增加。在 2000 年长期护理制度建立之前，日本尚未建立完善的公共护理系统，单个家庭承担了老年人绝大部分的养老责任，养老服务主要依靠家庭照料，养老服务模式的单一导致老年人生活的质量有所下降，老年人被忽视和虐待的案件不断增加，一项日本政府养老调查发现，有近 1/3 的家庭照料者表示照料老人的压力让他们经常产生压抑的负面情绪，这也增加了老年人受伤害的概率，老年人的生活质量无法得到保障；二是日本普遍出现了"社会化住院养老"现象，简而言之，很多老年人长期居住在医院，不是因为健康等任何医疗原因，仅仅因为他们无法在其他任何地方得到专业化的养老服务，"社会化住院养老"现象不仅导致了医疗资源的无效占用，更进一步加剧了养老、健康、医疗之间的社会矛盾。鉴于上述原因，日本政府于 1997 年出台了老年人长期护理制度（long-term care system for elderly，LTC），并于 2000 年正式实施，旨在"建立一个回应全社会最为关注的老年人护理方面的系统工程，让老年人得到全社会的支持和帮助"，这项系统工程也是目前日本最重要的养老服务制度。

（二）主要做法

1. 强制推行长期护理保险制度，为居家养老服务提供可持续的资金保障

2000 年 4 月，日本实施强制性的全民长期护理保险制度，目的在于平衡和缓解政府在养老领域的财政负担，同时切实减轻日本家庭在养老服务中的资金压力。长期护理保险制度由个人保费 + 政府补助 + 使用者付费三部分组成，明确了各相关主体成本负担之间的关系，规定了日本 40 岁及以上成年人必须强制性缴纳长期护理保险，三方资金汇总形成养老资金池，为 65 岁及以上老年人获得医疗和护理服务提供资金支持。日本的长期护理保险制度是现收现付制运作的（Mitchell，2006），它将被保险人分为两类，一类是 65 岁及以上老年人，另一类是 40 ~ 64 岁的成年人。具体资金由 50% 的保险费和 50% 的一般税收收入组成。保险费部分中，65 岁及以上老年人（第 1 类）缴纳的保险费占比 40%，40 ~ 64 岁的被保险人（第 2 类）缴纳的保险费占比 60%，65 岁及以上老年人（第 1 类）保险费是从各级政府的养老金收入中扣除，40 ~ 64 岁的被保险人（第 2 类）保险费来自全国强制性医疗保险等。一般税收收入部分中，中央政府需要出资

50%，其中的10%财政资金作为"调整性转移支付"，以平衡各地方政府的财政状况差异，都、道、府、县等一级行政区出资25%，市一级的地方政府出资25%。长期护理保险制度每三年修订一次保险费率，以维持各地方政府的预算平衡。

2. 分级资格认证 + 明确的资金支出方式，提高了有限的养老服务资源使用效率

长期护理制度规定了两类人可以享受由长期护理保险计划资助的相关服务，一类是65岁及以上的老年人，这类人群一旦获得官方认证，即可享受长期护理保险计划提供的服务；另一类是40~64岁的残疾人，也符合获得服务资格。在65岁及以上的老年人提出居家养老服务和支持的申请时，必须通过专业化的认证和评估。资格认证和评估是全国统一的且客观专业的，在老年人提出申请后30天内，以计算机等信息技术为核心的资格认证系统会对申请人74项日常生活（ADL）开展问卷调查并得出初步评估结果，根据评估结果将申请人归档到七个不同的等级，日本长期护理资格认证委员会将结合初步评估报告、申请人家庭医生报告以及医疗、卫生等领域专家意见，审查并确认申请人资格，最终确定申请人的"护理等级"。处于较低护理服务水平或者自身健康状况进一步下降的老年人需要每两年或者每六个月接受重新资格认证，通过资格认证的老年申请者将会被分配到特定的"护理等级"，每一个特定的"护理等级"对应着相应的资金支持和长期护理服务，七个护理等级进一步可以分为两种类型：护理等级1到护理等级5适用于那些需要长期护理制度来帮助提供越来越多的基础医疗和日常生活活动（ADL）的老年人，而"请求支持"（support required）等级1和等级2则适用于那些可以独立生活、具备自理能力、但需要辅助支持的老年人。这两类护理等级在服务类型和服务数量上具有差异性，护理等级1到护理等级5的老年人有资格启动"LTC福利"，包括享受养老机构服务、居家养老服务、社区服务，专业护理人员会为老年人制定详细的每周居家养老服务时间表。而"请求支持"（support required）等级1和等级2的老年人有资格享受"预防性福利计划"，包括日常膳食指导、养生保健等服务。符合进入门槛的老年人可以便捷地通过社区中心来获得所需的居家养老服务。

日本长期护理制度特别明确了服务条款与成本负担之间的关系：这些服务出资50%来自长期护理保险费和个体成本支付，其余均由中央和地方政府承担；保险费和个体成本支付由政府确定，获得长期护理服务的老年人必须自费一部分成本，虽然比例较低（70岁以下的老年人服务费用的30%；70~74岁的老年人

服务费用的 10%～20%；75 岁及以上的老年人服务费用的 10%；高收入老人最多支付 30%）。自费额度取决于居家服务类型和选择的居家服务机构类型。长期护理保险制度覆盖了老年人所需服务成本的 80%～90%，作为应对老龄化社会的一种创新方式，切实减少了家庭成员在老年人护理中的负担，让家庭成功摆脱了沉重的养老负担。据调研数据显示，日本民众普遍认为在长期护理保险制度下，家庭可以负担起老年人日常所需的各类服务，该制度在减轻家庭养老负担方面是成功且被认可的。

3. 多样化服务类型 + 专业化服务人员，形成了居家养老全覆盖的服务网络

根据长期护理制度，无论收入水平和家庭情况如何，老年人均可获得所需的护理服务，特别提请注意，在日本，该制度仅仅提供养老服务而非向老年人提供各类津贴补助。养老服务根据上述所提到的老年人分类等级划分为两大类：一类是长期护理服务，另一类是预防性服务。长期护理服务又分为三种，分别是养老机构护理服务、居家养老护理服务和社区养老服务。其中，居家养老护理服务又包括若干小项，包括家庭帮助服务（日常家政服务和个人护理）、家访护士（nursing）、家庭康复、家庭沐浴护理、老年人公寓、福利设施服务、家庭医疗管理咨询、家庭老年人设施建设、日间照料服务（康复护理）、居家短期养老护理服务。而 2006 年改革后的社区养老服务中也包含部分居家养老服务，如夜晚家庭访问、老年人日间护理、"小型且多功能"的老年人家庭护理、家庭私人护理服务等。这些居家养老服务基本涵盖了所有老年人需要的护理类型。

除了多样化的服务类型，长期护理制度还配备了专业化的护理人员，在每个社区设立长期护理点，配备专业的护士开展高质量的家庭护理服务。因为长期护理制度提供的服务主要以居家养老服务为主，社区护理中心的专职护士需要与护理服务人员、家庭成员合作，专门了解每个老年居民的日常生活和他们对于服务的诉求、偏好，因此，社区护理中心的专职护士不仅需要具备为老年人提供护理服务所需的专业知识和技能，同时还要具备管理和分析老年人需求的能力，以保证老年人的身心健康。他们的主要任务包括测量老年人体温、血压，观察老年人健康状况，保持老年人身体清洁，保证老年人膳食营养水平，管理老年人用药规范，管理药物及医疗设备，开展呼吸护理、姑息治疗和指导等，如果老年人身体发生紧急情况或异常，护士还必须快速做出反应和决定，与社区医生一起将老年人转移到当地医院。除此之外，专职护士的定期家访也是重要的职责之一。

三、澳大利亚居家养老服务

(一) 基本情况

澳大利亚健康与福利机构数据显示①，2016 年 65 岁及以上老年人数量约为 370 万人，占澳大利亚人口总数的 15%，这一数字在持续增长，预计到 2056 年 65 岁及以上老年人占比将增加到 22%。在澳大利亚政府生产力委员会（Australian Government's Productivity Commission）2015 年的澳大利亚老年人住房决策调查报告中数据显示，有 83% 的老年人更愿意继续住在自己的家中享受晚年生活，人口老龄化给澳大利亚的健康和福利政策带来了巨大的压力和挑战。

1997 年澳大利亚颁布了《老年人护理法案》（*Aged Care Act*），向澳大利亚老年人提供护理服务。该法案以提高老年人护理服务质量为目标，在制定政策、实施管理计划和提供监管服务等方面发挥着至关重要的作用。根据《老年人护理法案》（*Aged Care Act*），澳大利亚政府支持的居家养老服务项目主要是联邦家庭支持计划（Commonwealth Home Support Programme，CHSP)② 和家庭护理套餐计划（Home Care Packages，HCP)③。澳大利亚老年人如果想要长时间在家庭或者社区安享晚年生活，可以选择有政府补助的居家养老服务计划或者家庭护理项目，也可以选择市场化的养老服务供应商，这些项目均可为老年人提供全方位的居家养老服务和支持。

(二) 主要做法

1. 完善的分级评估机制，精准对接老年人居家养老服务需求

对于澳大利亚政府支持的联邦家庭支持计划和家庭护理套餐计划，老年人必须首先提交两个项目计划的居家养老服务申请，并通过资格审核评估，才能获得相应的居家养老服务。My Aged Care 联络中心会联系申请人进行初步筛选工作，联络中心工作人员将为老年申请人注册并询问简单的个人情况和服务需求等问题，如家庭成员支持、独立生活能力、心理健康和安全隐患等，根据初步筛选的结果，联络中心运营商将向申请人推荐地区评估服务（Regional Assessment Service，RAS）或老年人护理评估小组（Aged Care Assessment Team/Service，ACAT/S）来开展后续评估工作。联邦家庭支持计划通过地区评估服务（Regional Assessment Service，RAS）来开展相应的资格审核工作，在此过程中，专业的评

---

① https：//www. aihw. gov. au/reports – statistics/population – groups/older – people/overview。

② https：//www. agedcareguide. com. au/information/commonwealth – home – support – programme。

③ https：//www. agedcareguide. com. au/information/home – care – packages。

估人员会通过问卷调研的形式询问申请人自身情况，包括个人或家庭的健康状况、日常生活能力、应对各种活动的能力等方面，经过一整套专业的评估标准，地区评估服务（Regional Assessment Service，RAS）为老年人"量身定制"所处等级，包括老年人需要的服务类型、服务规模以及可能花费的服务成本。家庭护理套餐计划则需要通过老年人护理评估小组（Aged Care Assessment Team/Service，ACAT/S）来开展相应的资格审核工作，老年人护理评估小组会安排更为专业的医生、护士、社会工作者或其他专业的医疗健康团队成员与申请人会面，从服务需求、家庭状况、身体健康评价等多维度进行评估，最终确定老年人的居家养老服务类型、老年人家庭管理情况以及合适的护理服务等级，以书面的形式通知申请人获得的政府补贴服务类型和所在地区或社区能够提供这些服务的社会组织或企业的联系方式。通过老年人分级评估机制，不仅可以精准对接老年人居家养老服务需求，也可以提高养老服务的供给效率。

2. 分层次的居家养老服务计划，实现老年人多元化需求全覆盖

澳大利亚大多数能够独立生活、仅需要简单的服务和支持的老年人可以申请联邦家庭支持计划（CHSP）。联邦家庭支持计划（CHSP）于 2015 年 7 月开始实施，该计划整合了家庭和社区护理（HACC）计划、全国护理人员延期计划（NRCP）、日间治疗中心（DTC）和协助老年人护理和住房（ACHA）等项目，为澳大利亚老年人提供初级的居家养老服务，以便老年人可以在家庭和社区中独立生活，而为老年人提供帮助和服务的照料者也将从联邦家庭支持计划中受益。2015～2016 年联邦家庭支持计划（CHSP）支出约为 16 亿美元，近年来财政支出不断增加，为更多的老年人提供所需的居家养老服务。联邦家庭支持计划（CHSP）的优势在于设计了标准化的全国评估体系和流程，更加关注和侧重于初级简单的居家养老服务，较低的收费促进了养老服务的公平性和可持续性。与提供基本初级服务的联邦家庭支持计划不同，如果老年人有更复杂的服务需求，可以申请家庭护理套餐计划（Home Care Packages，HCP）。家庭护理套餐计划为希望留在家中的老年人提供一系列持续的居家养老服务，帮助他们保持独立的日常生活。该计划是澳大利亚政府对老年人持续照顾的主要部分之一，提供了介于英联邦家庭支持计划和住院老年护理两者之间的服务。该计划为老年人提供更为多样化的居家养老服务，包括快递运输、饮食服务、医疗保健、家庭维修、老年人家庭设施补充、个人生活护理、家政服务、购物、精神抚慰等方面，同时，家庭护理套餐计划根据老年人的不同需求将申请人分为四个等级，包括 1 级基本护理需求老年人、2 级低水平护理需求老年人、3 级中级护理需求老年人和 4 级高水

平护理需求老年人，每一个级别下家庭护理套餐计划提供相同类型的居家养老服务，不同级别的家庭护理套餐计划在服务时间、服务类型和服务数量等方面都会有所不同。政府通过财政补贴来支付澳大利亚的大部分老年人居家养老服务费用，但获得服务的老年人也需要支付少量的成本费用。此外，该计划还针对退伍军人等特殊群体有不同的服务规定。

3. *严格的专业化培训管理体系，保证了居家养老服务质量*

澳大利亚对于为老年人提供居家养老服务的专业人员设置了严格的进入门槛，从事居家养老服务的护理人员必须通过专业化培训才能开展相应的服务工作。在进入专业培训机构学习后，澳大利亚政府会对护理人员进行财政补贴，培训内容和实际服务操作标准，均由相关协会统一制定，护理人员在接受培训学习后进行考试，获得资格证书才能进入老年人居家养老服务行业，资格证书考试侧重于实际服务操作能力的考查，包括对老年人基本家政服务、个人护理服务、心理疏导、通信工具的使用等方面，护理人员必须熟悉家用电器、手机等各类工具的利用，随着互联网的发展，护理人员还必须具备上网查询等能力，因此，资格证书考试对护理人员的考核是全面的。同时，政府通过第三方评估机构定期对专业培训机构进行绩效考核，以结业的护理人员服务质量为标准打分，以督促专业培训机构注重教学质量。除此之外，澳大利亚对于参与老年人居家养老服务的义工和志愿者也会进行相应的服务培训，但培训的层次要低于专业护理人员。

4. *实施老年人护理投诉专员计划，保护老年人的合法权益*

根据 1997 年颁布的《老年人护理法案》（*Aged Care Act*）和 2015 年出台的《投诉原则》（*Complaints Principles*）的要求，澳大利亚政府开展了老年人护理专员计划（Aged Care Complaints Commissioner，ACCC）。老年人护理专员计划取代了之前老人护理投诉计划，并将投诉处理与澳大利亚卫生部的财政拨款及监管等职责分离，进一步提高了投诉管理的独立性。在每一个地区设立老年人护理投诉办公室，配备专职的老年人护理投诉专员，投诉专员广泛接受老年人、护理人员、健康医疗专业人员、志愿者、家庭成员等所有涉及养老领域人员的投诉与建议，并免费为老年人服务，投诉专员的职能在于解决有关澳大利亚政府资助的养老服务项目投诉，回应投诉人提出的疑问，并为老年人相关投诉人员提供处理投诉事项的最佳解决方式。投诉专员具有直接审查澳大利亚政府资助养老服务项目的权力，包括联邦家庭支持计划和家庭套餐计划，投诉专员接受投诉的领域涵盖护理服务、活动选择、歧视、餐饮、通信和物理环境等多个方面。老年人护理投诉专员计划对老年人提出的投诉问题进行快速反应并在规定时限内解决，防止老年人在接受护理服务过程中进一步受到伤害，有效地保护了老年人的合法权益。

四、德国居家养老服务

（一）基本情况

德国在债务沉重的欧元区被视为最强大和最具活力的经济体，这可归因为德国在维持出口导向型经济方面所取得的成功。然而，为了保持长期竞争力，越来越多的研究人员更为关注德国迅速老龄化和人口衰落的问题。虽然人口增长停滞和衰退在欧洲是一种普遍现象，但德国人口规模及其相对经济实力变化对未来德国乃至欧洲的可持续发展至关重要。德国的人口总数在 2000～2016 年持续下降，净出生率的下降是这一现象的主要原因。德国是世界上五个"超级老龄化"[①]（super-aged）的国家之一，世界银行数据显示，1960 年德国 65 岁及以上老年人口占比 11%，2017 年这一数字达到了 21.45%[②]。到 2050 年，德国 65 岁及以上老年人口将增长 41%，达到 2400 万人，根据联合国人口署预测数据[③]，德国 65 岁及以上老年人口将在 2050 年占总人口接近 1/3。1960 年前联邦共和国的人口平均年龄为 35.9 岁，到 2015 年，在德国，人口平均年龄已升至 44.3 岁。德国老龄化的变化趋势部分原因在于传统定义的"适龄劳动力"或者 15～64 岁人口数量的萎缩造成的，2016 年，约有 30% 的人口年龄在 45～65 岁，这一代人正在逐步退出劳动力市场。预测数据显示，这部分人口从 2015 年的 5300 万左右将下降到 2050 年约 4100 万[④]。贝塔斯曼基金会的一项研究显示，超过 60% 的德国人担忧人口老龄化产生的负面影响。德国人口老龄化已经在逐步改变劳动力结构。2010 年，20～65 岁的人口数约为 5000 万。德国联邦统计局预测，到 2060 年，这一年龄组的人口将减少到 3300 万～3600 万，届时德国人口的一半以上将超过 51 岁。如果德国希望保持其劳动力的规模不变，退休年龄必须从 65 岁增加到 71 岁。目前德国计划到 2030 年将其逐步增加到 67 岁。鉴于人口老龄化问题的严重

[①]　当一个社会 65 岁及以上老年人口占总人口比例超过 21%，这个社会就被认为是"超级老龄化"（super-aged）。

[②]　https：//data. worldbank. org/indicator/SP. POP. 65UP. TO. ZS? contextual = default&end = 2017&locations = DE&start = 1960&type = shaded&view = chart。

[③④]　联合国人口署：《世界人口展望：2015 年（修订版）》。

性，德国政府积极制定了一系列应对措施，如退休制度改革、调整退休年龄[①]、增加就业培训和教育计划、高技术移民等。

（二）主要做法

1. 加强代际交流和联系，促进居家养老志愿服务发展

高度独立性和积极社会参与是德国老年人显著特征之一，随着老龄化程度的加深，老年人参与志愿服务的比重逐年增加，德国政府也出台实施了一系列支持计划，旨在利用老年人独特的工作经验和技能，激励他们参与社会服务活动，政府部门和非政府组织（NGO）也通过代际互动计划来支持老年人。在德国，由于高寿命和整体健康状况的不断改善，截至 2014 年，有 65.4% 的 65 岁及以上德国老年人居住在自己家庭中，不愿意到养老机构，德国老年人整体生活满意度较高，高于欧盟调研的平均水平，部分归因于普遍存在的志愿服务，让老年人可以积极参与到社区服务中，根据德国联邦政府负责老龄化的部门数据显示，2014 年，超过 45% 的 50~64 岁老年人在从事志愿工作，在 2014 年德国老龄化研究中心的报告中，超过 60% 的 50 岁及以上老年人表示非常愿意继续利用自身技能和经验为社会做出贡献。德国专门设置负责老年人参与社会服务活动的老龄化办公室（Seniorenbüros，SCO），该部门致力于将老年人社交活动与志愿工作联系在一起，成立于 20 世纪 90 年代，已经为德国老年人成功匹配了很多适合自己的志愿机会。在该部门运营的第一个五年时间内，只有 44 个地方老龄化办公室（Seniorenbüros，SCO）成立，到今天，已经发展到了约 380 个地方老龄化办公室（Seniorenbüros，SCO），这些地方机构直接由德国老年居民协会（Bundesarbeits-gemeinschaft Seniorenbüros，BaS）统一管理。这些协会、社会组织将根据老年人的实际情况，广泛开展与文化、教育、环境、健康等领域相关的活动，这也包括居家养老服务。最常见的活动是老年人居家养老的"多代居住"计划，旨在加强代际沟通交流和社会凝聚力，该计划也是欧盟促进老年人社会融合的最佳示范。自 2006 年以来，这些多代居住计划一直接受德国政府部门的补贴，资金支持一直持续到 2020 年，居住在多代房屋中的老年人可以志愿帮助孩子做功课，每周陪孩子读书一次，很多多代房屋还提供"租赁奶奶"（rent-a-granny）项目，该项目通过志愿服务连接老年人与老年人之间的居家养老服务，老年人更能理解老年人真正所需。反过来，住在多代房屋中的年轻人可以向老年人展示如何使用电脑

---

① 2012~2029 年，德国政府将老年人退休年龄从 65 岁提高到 67 岁，目的是增加适龄工作人口的规模。减缓老龄化这种消极趋势的其他措施包括增加对有子女家庭的经济援助，儿童保健和教育补贴和移民制度改革。但是，有关学者认为，这些政策几乎没有取得预期效果。

和手机。该计划为感到孤独或没有家庭的祖父母等这类老年人提供了参与社交的机会，通过不同代际的人群居住在一起，缓解了德国家庭结构代际分裂的现象，更重要的是，为老年人提供了社交的空间。除此之外，另一个促进代际沟通交流的计划是"家庭共享"住房模式，年长的老年人将自己的住房提供给学生或刚工作的年轻人，可以不支付租金，但每天协助老年人进行包括烹饪、清洁、购物等居家养老服务，该计划为老年人提供了额外的免费服务，这些服务是他们独自居住所需要的。参与的该计划的部门包括社会组织、高校、政府部门，他们的作用在于协调、合作和为老年人和年轻人搭建桥梁。一些 NGO 通过政府补助支持和运作"家庭共享"住房模式，不仅有效解决了老年人居家养老服务，而且加强了老年人的社交互动。

2. 强化老年人的教育培训，提高居家养老服务的专业化水平

德国拥有享誉全球的职业教育培训体系，教育培训的质量和专业化程度处于领先地位，教育培训体系的成功归因为职业学校、中小企业和社会组织之间的亲密合作，从 2002 年开始，德国政府就开始在教育培训领域增加财政补贴，适用于 45 岁及以上的成年人，旨在提升老年人居家养老服务的专业化水平。为了帮助更多的 50~60 岁的老年人重返劳动力市场，2005~2015 年，德国政府专门实施了 Perspektive 50+ 计划，为优先雇用老年人的社会组织和雇主提供财政补贴，通过雇用老年人，利用他们的工作经验，更好地服务于居家养老领域，以老带新，以干中学的方式，进一步提升居家养老服务的专业化能力。尽管随后的绩效评估中，该项计划并没有取得预期的效果，但德国政府加强老年人教育培训的步伐并没有停滞，此后，德国政府开始制订一系列有针对性的支持计划，以激励更多有工作能力和经验的中老年人加入提供养老服务的队伍中来，同时，德国政府也努力确保了中老年人的工作保障，为他们在保险、医疗等领域提供相应的支持，德国政府希望建立一种终生学习的体系，鼓励知识在不同年龄中的人群中流动和分享，一些学者根据现有政策体系认为，德国老年人教育培训政策应该开展结构性调整，优化老年人养老服务环境，更多地提供一些卫生保健、健康医疗、技能开发的配套政策，同时，德国政府除了重视激励雇主外，还特别关注老年人服务需求，开展了专门的服务人力资源培训计划。

3. 重视居家养老服务的高科技应用，提升居家养老的智能化水平

德国政府一直专注于增加互联网等新一代信息技术在居家养老服务领域的应用，旨在帮助老年人解决日常生活面临的问题，支持老年人增强独立生活的能力，能够处理简单日常事务，比如生活环境辅助技术（Ambient Assisted Living,

AAL)。在应用高科技帮助老年人建立更为积极的养老态度方面，德国走在世界前列，随着新技术的应用，目前，德国有超过 56% 的 65～74 岁的老年人是互联网用户，这一数据超过了 OECD 组织的平均值（50%），并且增长速度惊人。在这个年龄段，德国老年人最常用的服务排名前四位的是发送电子邮件、居家养老服务信息搜索、在线新闻浏览和在线购物。尽管如此，老龄化的数字鸿沟依然存在，在德国，特别值得注意的是智能手机在老年人中的应用水平，截至 2016 年，只有 27% 的 65 岁及以上的老年人用过智能手机，德国联邦政府统计部门调研数据显示，引起老年人不使用互联网和智能手机的主要原因在于感觉互联网和相关设备的使用太复杂，对老年人并不友好，并且老年人难以参与（87%），有 54% 的老年人认为，互联网和智能手机并不是养老生活的必需品，超过 50% 的老年人认为，这些技术并非专门为老年人设计使用的，并没有从中得到任何的好处。为了解决这些问题，弥补老年人使用数字经济的差距，德国政府启动一系列项目，旨在为老年人提供各种最基本的信息使用技能。主要做法为：一是开展广泛培训，提升老年人使用信息技术的能力。2013 年，德国联邦政府与老龄化办公室联合推出了"老年人技术推广大使"计划，依托社区向更多的老年人开展高科技产品应用服务，政府部门出资支持了这些计划，鼓励发展服务老年人的技术应用和知识产权，其中一个生活环境辅助技术（Ambient Assisted Living，AAL）是日常生活护理系统（Daily Care Journal，DCJ），基于传感器记录老年人日常生活和居家养老护理服务的系统，这样的系统在生活环境辅助技术中还有很多，德国政府鼓励私人部门的参与，通过与私人部门的合作，将各种支持老年人居家养老的辅助技术推向市场。

第二节　经验借鉴和启示

一、完善需求侧补贴方式，新一步提升居家养老服务质量

美国、澳大利亚等发达国家非常重视居家养老服务类型的多样化，美国现有的居家养老服务涵盖老年人生活的方方面面，居家服务包含的范围较广，且服务内容更为细化，这些服务包括：老年人日间照料中心、支持照料者计划、居家卫生服务、家庭修理、家庭改造、信息服务、营养服务等，包含老年人"衣食住行"的方方面面。澳大利亚提供分层次的居家养老服务计划，实现居家养老服务

需求全覆盖；日本、德国等发达国家利用自身教育培训优势，开展一系列居家养老服务专业化能力培训，提高了老年人的居家养老质量，在日本，在每个社区设立长期护理点，配备专业的护士开展高质量的家庭护理服务。中国目前也正在努力为每个社区配备专职医务人员，但是与日本相比，还存在一定的差距，2013年经济合作与发展组织健康数据显示，在中国从事长期护理工作的专业护理人员数量相对于老年人口的比例要小于日本。

二、鼓励社会组织发展，充分发挥多元主体在居家养老服务方面的作用

社会组织等志愿部门以自身的专业化和利他主义在居家养老服务中发挥着重要作用。澳大利亚的义务工作者和志愿者受行业协会和社会组织的管理，为社区的老年人提供初级的居家养老服务，主要包括送餐、陪护等日常生活服务，但他们对老年人居家养老服务的贡献是巨大的，澳大利亚每年有约500万义工和志愿者活跃在养老服务行业。为了激励更多具有奉献精神的志愿者参与老年人服务领域，澳大利亚专门通过行业协会为每一位义工和志愿者提供免费的人身保险。美国老龄化网络包括56个负责老龄化工作的州政府机构，629个地区性机构，244个部落组织，以及代表400个部落的2个夏威夷原住民组织。此外，美国老龄化网络得到将近2万名养老服务提供者和志愿者的支持，涵盖超过260个美国养老服务项目。

三、明确财政资金分配和使用方式，以绩效评估提高资金使用效率

美国、日本等发达国家在居家养老服务方面明确了财政资金的使用方式，明确了中央政府与地方政府的"财、权、责"关系，通过构建科学合理的绩效评估体系，保证了财政资金的使用效率。根据美国老年人法案授权，联邦政府可以通过资金补助和转移支付等方式向地方政府提供财政资金，支持地方政府开展居家养老服务计划和项目，从资金配套条件、因素法资金分配方式、财政投入最低保障等方面做出详细的安排和要求；日本通过强制性的全民长期护理保险制度，来平衡和缓解政府在居家养老领域的财政负担，在资金来源中，中央政府出资占比高达50%，特定的护理等级对应着不同的资金支持，在此基础上，设置调整性的转移支付，平衡各地方政府的财政状况差异；美国在绩效评估方面做出了有益的探索，美国老龄化署收集有关美国老年人法案计划表中的信息和数据，联邦政府以年度绩效报告的形式向国会提交政府在实现养老服务计划绩效目标方面进展

的详细信息，国会通过绩效信息来决定下一年度财政预算。

四、建立居家养老财政激励模式，保证居家养老服务的"物有所值"

美国、澳大利亚、德国等发达国家通过建立居家养老财政激励模式，让老年人更好更高效地享受居家养老服务。美国在充分考虑老年人地理分布等情况的基础上，使用因素分析法科学分配联邦政府资金。美国老龄化署通过州政府间资金分配公式来配置老年人法案提出的资金需求，州政府也必须按照资金分配公式的要求来向下分配联邦政府拨款。澳大利亚为了激励更多具有奉献精神的志愿者参与到老年人服务领域，专门通过行业协会为每一位义工和志愿者提供免费的人参保险。德国拥有享誉全球的职业教育培训体系，教育培训的质量和专业化程度处于领先地位，通过财政激励，德国先后实施了一系列居家养老服务培训计划，为优先雇佣老年人的社会组织和雇主提供财政补贴，通过雇用老年人，利用他们的工作经验，更好地服务于居家养老领域，以老带新，以干中学的方式，进一步提升居家养老服务的专业化能力。

第七章 政策建议

第一节 完善政府购买居家养老服务配套制度的政策建议

一、立法先行，完善居家养老服务的顶层设计，建立法律层面的制度保障

党的十九大报告提出了"积极应对人口老龄化，构建养老、孝老、敬老政策体系和社会环境，推进医养结合，加快老龄事业和产业发展"的要求。现阶段，我国尚未形成完善的居家养老服务法律体系，缺乏系统性的居家养老服务法律法规，各地均根据国家老龄事业发展和养老服务体系建设的"十三五"规划，出台相应的政策文件、规范标准，在执行过程中亟须法律法规作为依据，现行的法律法规中，以2018年修订的《中华人民共和国老年人权益保障法》为主。《中华人民共和国老年人权益保障法》第四章第三十七条明确提出，"地方各级人民政府和有关部门应当采取措施，发展城乡社区养老服务，鼓励、扶持专业服务机构及其他组织和个人，为居家的老年人提供生活照料、紧急救援、医疗护理、精神慰藉、心理咨询等多种形式的服务。对经济困难的老年人，地方各级人民政府应当逐步给予养老服务补贴"。第一，明确居家养老服务的职责边界。我国现行法律法规中对于居家养老服务领域各参与主体的权责边界并没有明确厘清，对于居家养老服务的对象、相应的保障措施缺乏统一明确的规定，这势必会影响居家养老服务领域各主体的参与积极性，因此，明确居家养老服务的职责边界意义重大。第二，应广泛征求社会各界的意见，尤其是老年人反馈的共性诉求。在完善居家养老服务的法律体系过程中，向社会组织、老年人协会、企业等涉老群体征求立法意见，扩大征求意见范围，重视包括居家养老护理人员、义工和志愿者、照顾老年人的子女亲属等群体，通过抽样调研，在全国范围征求老年人反馈的意

见，听取老年人的诉求。第三，在立法过程中，注意保护中国传统养老美德的传承，注意亲情伦理与居家养老服务立法之间的影响关系。居家养老服务立法并不是将养老事业全盘推向市场、社会组织，也不是全盘否定家庭养老方式，而应该大力弘扬中国敬老爱老养老的传统美德，关注亲情伦理在居家养老服务领域的传承和发扬，我国现行的《民法典》《婚姻法》中，均明确规定了子女对老年人父母的赡养义务，但尚未在法律层面规范养老行为，建议将赡养老人与社会信用体系建设联系起来，对于不尽赡养义务的子女，列入征信体系黑名单，限制其工作或活动。第四，以建立法律制度为先导，促进政府对养老服务业的依法监管。一方面，建立健全养老服务业相关的法律法规制度，使之有法可依，有法必依；另一方面，积极规划一些新型养老模式的产品服务标准，对一些可能发生的问题事前做出规定，尽可能减少事后纠纷。第五，坚持经济法的发展方向，明确居家养老服务法律定位。在立法选择上，对居家养老服务进行专门法律规范，明确法律调整对象和居家养老服务的性质，提高居家养老服务的法律地位，具体制度的构建上，应当科学规划、明确社区居家养老服务设施的配备和机构养老服务的设立条件，建立从业人员的准入、考核制度，完善的土地、税收等优惠政策；同时还应建立健全养老服务的保障与激励措施，进一步完善养老服务的纠纷处理机制和法律责任制度。

二、创新财政补助方式，优化居家养老服务市场环境

鼓励社会资本进入居家养老服务领域。扩大政府购买居家养老服务范围，采用公私合作模式，实现政府、市场、社会组织的风险共担、收益共享，引入 PPP 模式，通过使用者付费、特许经营权、民办公助、政府补贴等方式，调动社会资本参与居家养老服务的积极性，放宽居家养老服务市场的准入条件，降低社会资本进入门槛，平等对待国有资本与民营资本的市场准入地位。在各地试点建立居家养老基金，通过财政资金的杠杆效应和放大效应，引导社会资本进入居家养老服务市场，营造良好的竞争环境，重点支持处于初创期、具有成长潜力的居家养老服务机构，以股权投资为纽带，壮大服务组织和企业的发展，创造良好的居家养老服务社会效益。

在财政补贴规模上，进一步加大居家养老服务的财政支持力度，将居家养老服务列入一般公共预算项目，安排专项财政资金持续优化居家养老服务环境，保障居家养老服务财政资金的稳定性，建立中央到省到市县的三级居家养老服务资金保障体系，明确财政资金分配机制，缓解地方政府居家养老服务负担。在财政

补贴结构上，从供需两侧共同发力，逐步加大对于高龄、独居、空巢等老年人享受居家养老服务的支持力度，重点向失能、残疾、低保等老年人倾斜，充分体现财政资金的"兜底"作用，改变居家养老服务的定价机制，按照市场成本定价的原则，理顺居家养老服务市场主体关系，公办居家养老服务机构严格执行服务价格管理制度，保持较低的收费标准，民办居家养老服务机构因相比公办居家养老服务机构获得的优惠政策和财政补贴较低，通过减少服务支出、降低服务质量、压缩护理人员费用等方式，降低运营成本，为了扶持民办居家养老服务机构的参与，增强居家养老服务市场的竞争力，政府部门应加大政策扶持力度，避免出现"公进民退"的现象，同时，适时将财政补贴从供方补贴向需方补贴逐步转移，以防过多干预市场，造成不当竞争，在现有的养老服务券等形式的补贴基础上，充分考虑到不同层次老年人的实际情况，以经济能力、健康情况、社区基础设施、城乡差异等因素，合理科学地分配补贴政策，实施差异化的补贴方式，有针对性的精准对接有困难、失能老年人，逐步改变以往广覆盖、低补贴的情况，把握居家养老服务急需的重点人群，进一步提高有限的居家养老财政资源的精准性和效率性，财政补贴的结构性转移并不是"一刀切"地取消供方补贴，而是要转变以往"输血"的补贴方式，激发居家养老服务市场的活力，促进整个市场的竞争，充分考虑财政补贴的"挤入挤出"效应，对于民办非营利性居家养老服务组织和企业，应加大补贴力度，将市场服务价格、人员工资水平、运营成本等因素均纳入补贴范畴，对于公办居家养老服务组织和企业，在居家养老服务初期，全国性的居家养老服务市场尚需培育，市场主体参与仍在观望，利用财政资金支持发展是必要手段，但到了居家养老服务市场发展到一定阶段，这种补贴的方式会出现明显的"挤出"效应，适时转变补贴方式，由结果导向的补贴方式转为因素法为基础的补贴方式。

落实税收优惠政策，激发民间投资热情。对居家养老服务市场实施税收优惠政策，给予社会资本稳定的预期，对于社会资本进入市场具有重要意义。进一步扩大增值税优惠政策范围，将各类家庭护理、家庭照料、设施改善、精神抚慰、医疗护理、送餐运输等居家养老服务机构均纳入增值税优惠政策范围，对于负责居家养老服务的主管部门认定的非营利性服务机构，享受所得税免征的优惠政策，对于负责居家养老服务的主管部门认定的营利性服务机构，继续实施减半征收的所得税政策，对于慈善机构支持、社会资本捐赠等行为，继续实施所得税税前抵扣政策，强化政策落实力度，要着重考虑居家养老服务中家庭照料者的税收优惠支持计划，无论是直系子女还是家庭护理人员，均可享受个人所得税优惠。

支持居家养老服务组织和企业的融资行为，金融监管部门制定考核指标时适当向居家养老服务机构倾斜，关注居家养老服务机构的上市辅导和培育，给予进入新三板或主板的企业一定程度的补贴奖励，支持居家养老服务机构债券融资，在现有情况下，居家养老服务机构主要的融资方式是间接融资，向以银行为主的金融机构贷款，居家养老服务机构具有抵押物不足、轻资产占比高等特点，因此，银行等金融机构应根据这些特征推出符合条件的金融产品和服务，进一步扩大信用贷款、担保贷款、质押贷款的范围，向信用度高的居家养老服务机构重点倾斜，应根据居家养老服务情况降低担保费率，同时，将仓单、应收账款等列入居家养老服务机构的质押物范围，提高居家养老服务机构的融资能力。

三、绩效考核应注重实际，加强供给侧和需求侧激励

根据不同居家养老服务机构性质，分别制定服务机构绩效考核管理办法，这也符合居家养老服务市场发展的现状，在社会组织的居家养老服务分级分类评估中，应强化公益属性，加大公益方面的考核权重，服务质量方面不能"一刀切"式追求低价服务和低成本运营，而是应切实结合当前居家养老服务市场价格，给予财政支持，更加侧重服务效率和质量，依据公办、民营、非营利性、营利性等多重维度将居家养老社会组织分类，在每一类社会组织下，建立居家养老服务社会组织评级机制，不同分级分类的社会组织享受不同程度的政府支持和绩效考核，定期更新评级体系，加强社会组织之间的竞争和激励，对于不同层级的社会组织，实施不同的政府购买和支持方式，对于居家养老服务社会组织，政府相关部门应加强供给侧激励，通过奖补、购买等方式支持社会组织的发展；在市场化企业的居家养老服务分级分类中，应严格区分公益性和市场化服务之间的边界，在市场化居家养老服务中，减少政府对于微观主体的干预，将政府支持的重点放在优化居家养老服务环境和培育市场体系等方面，将优化居家养老服务环境作为核心竞争力，分类评级的重心放在居家养老企业的产品和服务，让老年人自主选择，因此，对于居家养老服务企业，政府相关部门应加强需求侧激励，通过养老服务券等方式增加老年人对于居家养老服务选择的自主性，从补贴企业转移到补贴满足一定条件的老年人，防范财政资金对于市场主体的"挤出"效应，强化政府对于基本居家养老服务的保障作用。

四、实施分级分类的差异化购买方式，鼓励多元主体合作模式的发展

首先，建立居家养老服务标准。完善居家养老服务标准化体系是实施分级分

类的差异化购买方式的重要前提和基础，在建立居家养老服务标准过程中，应充分参考教育等其他领域公共服务标准，遵循公共产品和服务的一般原则，参照各地方发布的政府购买服务相关管理办法，厘清公共服务和市场化服务边界，在基础性的公共服务领域重点支持，在准公共服务领域充分发挥市场配置资源的决定性作用，财政资金投向培育市场环境和服务环境的领域，在居家养老服务标准制定过程中，明确服务类型，结合本地区实际情况，设计详细的量化指标。

其次，建立居家养老服务机构分级分类制度，根据不同类别、不同等级的居家养老服务机构，实施差异化政府购买和支持方式。现阶段我国居家养老服务市场处于完善和培育时期，政府购买居家养老服务方式主要分为指令型、半契约型和契约型，而契约型的购买方式依然存在不同程度的政府干预。

最后，通过差异化的政府购买方式，形成多层次、有梯度、差序竞争的居家养老服务市场体系。差序竞争并不是市场机制的无序竞争，而是根据不同经济发展阶段、不同消费者需求、不同地域文化等因素形成的有所侧重、有所差别的竞争环境。居家养老服务市场的差序竞争与居家养老服务资源的自由流动并不矛盾，针对不同性质的居家养老服务机构，政府通过差异化的购买方式，满足不同老年人的居家养老服务需求，真正做到供需匹配，有助于激发社会组织服务老年人养老领域的活力，有助于激励企业高效地提供居家养老服务，政府部门、市场部门和志愿部门以居家养老为纽带，形成合力，更好地为老年人提供居家养老服务。

五、推行长期护理保险制度，明确财政资金的使用方式

我国从 2017 年开始，选取宁波、北京、青岛、上海等 15 个试点城市开展长期护理保险制度，上海市作为首批试点城市，在 2018 年 1 月 1 日起，全市范围内推行长期护理保险制度。长期护理保险制度将成为我国多层次养老保险体系（"三支柱"[①]）的重要组成部分，建立长期护理保险制度的最终目标，并不仅是为了补充居家养老服务的筹资、融资，而是更好地向符合条件的老年人提供满足需求的居家养老服务。在筹资机制方面，应建立多层次多渠道的长期护理保险筹资体系，以财政补助、社会保障基金、个人缴费为基础，以社会捐赠、福利公益金为补充，保证长期护理保险制度的可持续运行，防范资金缺口风险，坚持核算

---

① 按照国务院关于逐步建立起多层次（三支柱）养老保险制度，根据经济社会发展，递次推动三支柱养老保险制度体系建设。第一支柱是城镇职工＋城乡居民的基本养老保险，第二支柱是企业（职业）年金，第三支柱是个人储蓄型养老保险和商业养老保险，建立养老保险第三支柱，对于积极应对人口老龄化、完善多层次养老保险制度体系、满足人民群众对更加美好老年生活需要、促进经济社会发展，具有十分重要的意义。

独立、权责明晰等原则，权利与义务相统一，科学合理划分财政、社保、个人的出资比例，这一比例每三年或者五年结合实际情况重新划定，以保持长期护理保险制度的筹资平衡。政府相关部门应协调建立统一稳定的投入机制，个人缴费部分应根据居民可支配收入、各地最低收入标准、居家养老服务价格成本等因素合理确定，不能额外增加居民负担。在老年人资质评估方面，应严格制定老年人长期护理服务标准，各地尽快推出符合地方实际情况的老年人评估等级，充分发挥社会组织的作用，利用第三方评估对本地区老年人进行专业化服务等级评估，参保的老年人获取居家养老服务首先应向第三方评估机构申请，根据评估结果为老年人提供更为合适的居家养老服务，评估过程和数据要封存，提交给政府相关部门，由负责居家养老服务的主管部门进行考核和监督。在服务内容方面，应扩大居家养老服务范围，不仅包括老年人日常的衣食住行、医疗护理等方面，还要将精神抚慰、心理治疗等居家养老服务纳入长期护理保险制度中，通过服务类型的多样化满足不同层次、不同等级的老年人居家养老服务需求。在服务支出方面，老年人享受不同等级的居家养老服务应负担不同比例的成本，但总量成本控制在20%以内，日常的居家养老服务使用者付费比例在10%，医疗护理等专业化服务可以适当提高，高收入老年人享受居家养老服务付费比例在15%～20%，其余的均由长期护理保险支付。在服务机构选择方面，长期护理保险制度运行初期，各地方根据实际情况，依托社区选取优质服务机构作为居家养老服务定点机构，在长期护理保险制度运行的中长期，居家养老服务市场逐步完善，应让老年人自主选择优质服务机构，政府相关部门做好绩效评估和监督职能。在制度设计方面，应尽量借鉴德国、日本等发达国家经验，结合自身实际情况，立足国情，开展试点，通过政策"试错"机制，不断完善，及时总结各地方经验和典型模式，将好的经验做法向全国推广，逐步形成有中国特色的长期护理保险制度。

六、强化居家养老服务专业化人才培养力度，提高需求侧服务质量

专业化护理人才的巨大缺口是制约居家养老服务市场发展的重要因素之一，亟待建立多层次的专业化人才培育体系，形成"服务质量—服务人才"的螺旋式上升通道，走出质量和人才双降的恶性循环。在居家养老服务人员宣传方面，现阶段居家养老专业护理人员主要以"4050"群体和下岗再就业职工为主，收入较低，同时承担着居家养老和家庭事务的双重压力，在某种程度上并不被社会普遍认可，应加大媒体正面宣传力度，充分发扬居家养老服务人员利他主义的奉献精神，营造良好的舆论环境，增强他们对职业的认同感和归属感，在实际工作中，

应给予专业护理人员人文关怀，建立专业化护理人员档案制度，在社保、财政补贴等方面予以支持，挖掘典型个人和案例，广泛宣传"最美护工"等荣誉，提高居家养老服务专业护理人员的社会地位，彰显正面报道。在专业化护理人才培养方面，目前，从事居家养老服务的专业化护理人员整体学历水平较低，在家庭日常照料、卫生打扫、洗衣餐饮等方面属于长项，在精神抚慰、医疗护理等方面存在明显短板，缺乏简单基础的医疗护理知识和实践，整体居家养老服务能力相比薄弱，应以社区为依托，从医院、社会组织、企业、职业技术学校等单位抽调不同领域的相关专业人士，组成培训队，在不同社区开展学习，或者通过社区组织骨干护理人员集中学习，以"传帮带""干中学"的方式，增强居家养老服务专业化护理人员能力，对于一线的居家养老服务护理人员，应定期组织学习，不断提高护理能力和水平，设置护理等级，从初级到中级到高级，不同等级的居家养老专业护理人员对应不同等级的工资收入水平，激励专业化护理人员主动学习，除了专业化护理人员外，义工和志愿者是居家养老服务护理人员的重要补充，义工和志愿者以社会组织和社区为依托，积极投身于居家养老服务，在不计个人报酬的前提下，基于社会责任感将精力和专业知识投身到居家养老服务中，应加大精神奖励和宣传，宣传义工和志愿者的奉献精神，充分发挥他们在社会中的道德标杆作用，同时，应借鉴澳大利亚政府的经验，给予提供居家养老服务的义工和志愿者一定的商业保险，为他们提供保障和激励。在居家养老服务专业护理人员教育方面，大力发展专业化护理人员教育是保障居家养老服务市场人才持续输出的重要途径，也是为建立成熟的居家养老服务人力资源市场的重要基础，人才教育在各个领域均为重中之重。借鉴德国"双元制"教育模式，打造中国版的专业化人才教育模式，更加重视居家养老服务的实践，现有的职业教育体系离"双元制"教育模式存在一定的差距，在德国"双元制"教育模式中，有60%~70%的学习时间在企业等实践部门，学生们在实践中接触到最先进的应用技术和智能设备，在实际工作中将理论知识融会贯通，最快捷、最高效地市场所需的应用技术能力，企业、政府部门和学校三方联合，共同形成了真正的产学研用于一体的教育培训体系，居家养老服务领域同样需要引入"双元制"的教育培训体系，培养一批批专业化能力强的护理人才。在居家养老服务标准方面，制定居家养老领域的服务标准、人才标准和制度标准，严格划分服务等级和护理人员等级，既可以促使专业化护理人员提升服务意识，增强服务水平，树立服务形象，也可以激励专业化护理人员努力提高自身能力和水平，通过不断学习，改进服务方式，同时，还能够保障老年人的合法权益。

七、建立协调联动的居家养老服务平台网络体系，推进需求侧改革步伐

首先，在各地"虚拟养老院"基础上，构建全国统一、上下一体的居家养老服务平台网络体系。自 2007 年江苏省苏州市首次在全国创办"虚拟养老院"以来，兰州、西安、沈阳等多地根据地方特色，筹建并运营了在线的"虚拟养老院"，成效显著，在前期地方运营的基础上，构建全国统一的居家养老服务平台，在中央层面，尽快建立国家居家养老服务平台网络，在地方层面，根据实际情况，建立省级居家养老服务枢纽平台和市县级居家养老服务窗口平台，加强中央到地方的组织领导，充分发挥平台网络的集聚效应，强化不同政府部门之间的资源整合，在供给端，集聚优质的服务中介机构、社会组织和养老服务企业等多主体参与，设计供给主体有进有出的竞争性机制，保障居家养老服务质量；在需求端，及时汇总老年人居家养老服务需求，通过各级平台网络的对接撮合，集合线上服务信息和线下居家养老服务于一体，实现线上线下互联互通，形成"横向到边、纵向到底"的全国性的居家养老服务网络。

其次，明确各级平台网络主体关系，探索中央到地方居家养老服务平台网络协调联动机制。国家居家养老服务平台网络主要负责梳理总结各省级枢纽平台网络上报的服务信息和需求，充分利用大数据、云计算等新一代信息技术，分析各地居家养老服务情况，定期发布中国居家养老服务发展情况报告，及时整理各地居家养老服务典型经验和模式，适时向全国推广，将一些地方共性的诉求和问题及时反馈到相关部门，并配合相关部门发布与居家养老服务相关的各项优惠政策，举办全国性居家养老服务博览会，为居家养老服务机构、社会组织等参与者提供沟通交流平台；省级居家养老服务枢纽平台网络主要负责向国家平台网络上报本省居家养老服务类型、服务机构规模、政策落实效果等发展情况，根据居家养老服务和平台网络的发展实际，制定本省的平台网络居家养老服务标准，包括入选平台网络的服务机构认定和考核标准、各类线上线下居家养老服务标准。定期梳理总结各市县级居家养老服务窗口平台上报的服务情况，依托省级枢纽平台，构建跨区域的居家养老服务资源共享机制，实现不同区域间服务资源的优化配置。出台相关的绩效考核办法，对优质服务机构和社会组织给予奖励和支持，对不达标的居家养老服务机构和社会组织予以限期整改。及时发布本省居家养老服务各项优惠政策，为老年人提供丰富有效的居家养老服务信息；各市县级居家养老服务窗口平台作为"服务触角"，直接面向居家养老服务对象——老年人，

是真正让居家养老服务落地的载体，应主动贴近和帮扶有服务需求或符合条件的老年人，做好服务机构和老年人的对接撮合工作，落实全省居家养老服务优惠政策，通过省级枢纽平台出台的相关绩效考核办法，管理入驻平台网络的服务机构和社会组织，定期向省级枢纽平台报送相关信息和养老服务诉求。

再次，加强平台网络居家养老服务数据库建设，打造居家养老服务的运行监测体系。现阶段，各地居家养老领域的相关数据信息分散在政府机关、事业单位、社会组织、养老服务企业等多个部门，而在政府机关内部，居家养老领域相关数据信息又分散在民政、发改、财税、工商、统计、老龄办等多个单位，这些分散的数据信息形成了一个个"信息孤岛"，应以居家养老服务平台网络为依托，建立多维度的居家养老服务数据库，整合各部门数据信息，打通散落在各个部门的"信息孤岛"，充分利用地方政府已运营的各类养老服务平台网络，拓宽居家养老服务数据信息的收集渠道，做好地方居家养老服务的运行监测工作，通过数据挖掘和分析，及时发现居家养老服务领域存在的共性问题，同时，政府部门与服务机构、社会组织等之间应建立有效的信息共享机制，形成一张响应迅速、对接便捷、时效性高、资源广泛的"居家养老服务信息网"。

最后，进一步扩大居家养老服务平台网络宣传力度，打造优质服务品牌。充分利用报纸、广告、电视等媒介，加大平台网络的宣传力度，运用微信、微博等媒体广泛开展宣传，多措并举，提高居家养老服务平台网络的影响力和知晓度，同时，特别关注互联网等新一代信息技术在老年人居家养老服务方面的"数字经济银色鸿沟"，在平台网络的界面设计方面要着重考虑老年人的感知和应用便利度，易于让老年人接受，加强老年人个人隐私保护，居家养老服务功能方面要快速便捷，能够精准对接老年人的居家养老服务需求，快速匹配到最合适的社区和服务机构。

第二节 完善政府购买居家养老服务配套制度的政策建议

一、尽快推出养老服务领域的中央与地方财政事权和支出责任划分改革方案

目前，根据国务院相关文件的要求和部署，教育、医疗卫生等领域已经相继推出了中央与地方财政事权和支出责任划分改革方案。在养老服务领域，应尽快

明确中央与地方的财政事权和支出责任划分。现阶段，各地结合本地区实际情况，探索支持养老服务的可行性方式。随着基本养老保险全国统筹步伐的加快，养老服务领域的中央与地方财政事权和支出责任划分迫在眉睫，应根据国务院相关指导意见的要求，从基本原则、主要内容和保障措施等方面予以明确，在基本原则方面，应坚持公平为主，效率为辅的原则，加大政府部门财政支持力度，重点向贫困地区倾斜，完善财政投入机制，鼓励政府部门通过购买服务等多种方式提高财政资金的使用效率和效益，让老年人均能享受"有尊严、有保障"的养老服务；应坚持地方为主，适度增加中央权责。目前各地方政府积极推进购买养老服务，全国范围内的养老服务体系尚未形成，随着基本养老保险金全国统筹，中央政府应在全国范围或跨区域养老服务领域发挥重要作用，充分发挥转移支付制度的平衡作用，稳定不同地区的养老服务体系建设，中央政府的主要职责在于建立和培育全国性的养老服务市场，调配跨区域养老服务资源，保障基本的养老服务供给，制定全国统一的养老服务标准，加强标准化制度建设，地方政府的主要职责在于建立和培育本地区的养老服务市场，通过购买、补助等方式为本地区居民提供养老服务，支持和促进养老服务机构的发展；应坚持问题导向，着重关注养老服务的主要矛盾和突出问题。我国现阶段尚未形成完善的养老服务体系，尚未培育成熟的养老服务市场主体，非营利性组织、协会、事业单位等社会组织亟待发展，养老服务存在诸多问题，坚持问题导向，明确轻重缓解，着力解决老年人关注的共性问题和矛盾，采取必要措施，找准难点、痛点，集中各部门力量，形成合力，克服关键问题。在主要内容方面，应根据《"十四五"时期养老服务体系规划的具体要求和做法发展和养老体系建设规划》的具体要求和做法，将完善养老服务体系放在首要位置，增加财政投入力度，支持居家养老服务，在居家养老服务方面，明确为中央与地方共同财政事权，由中央财政和地方财政共同承担支出责任。中央制定居家养老服务人均经费国家基础标准，并根据经济社会发展情况逐步提高。在制定居家养老服务领域中央与地方支出责任分档分担办法时，根据经济发展水平和养老服务体系建设情况，实行梯度分档分担方式，第一档包括西部地区、老少边穷地区，中央承担80%以上的支出责任比例，第二档包括中部和东北部地区，中央承担40%~80%的支出责任比例，第三档包括东部沿海地区，中央承担40%以下的支出责任比例。在推动养老服务机构发展方面，对于中央企业参股的公办养老服务机构，中央承担支出责任，除此之外，地方承担全部的支出责任。在保障措施方面，应加强组织领导，协调中央到地方各部门密切配合，确保政策落实，完善省级以下地方政府的财政事权和支出责任划分，加大对西部地区和老少边穷地区的转移支付力度，强化支出责任的落实工作，促进养老服务的均等化，地方政府应根据本地区实际科学合理地制定保障标准，充分发挥财政资金的"兜底"作用，抓紧设计养老服务绩效评价指标体系，开展评估工作，加强法治化、规范化建设，确保行政权力在法律和制度的框架内运行。

二、建立健全养老服务信用体系，打造诚信养老服务品牌

加强我国养老服务信用体系建设，对于居家养老服务市场的健康发展具有重要意义，构建完善的养老服务信用体系，减少政府部门、服务机构和老年消费者之间的信息不对称性，畅通信息对接和交流渠道，极大降低市场主体之间的交易成本，提高养老服务市场效率，保证了服务质量，强化市场竞争，避免出现"良币驱逐劣币"。构建完善的养老服务信用体系，可以打破政府部门、市场部门和志愿部门之间的"信息孤岛"，有助于政府部门简化前置审批程序，引导民间资本进入养老服务市场，做好事后评估。构建完善的养老服务信用体系，能够极大地提高养老服务机构的融资能力和水平，客观反映养老服务机构履约、偿债能力，推动市场主体与金融机构之间的互动合作，提高养老服务机构的投融资水平，有效防范养老服务市场的金融风险，推动整个养老服务市场健康稳定可持续发展。第一，加强养老服务领域各主体间公共信息的收集和归并。进一步整合散落在民政、发改、财政、老龄办、税务、工信、统计等多部门的养老服务数据，做好信用数据的管理工作，定期更新和升级养老服务主体信用数据库，政府部门应加强与社会组织、养老服务企业等组织的信用信息共享，建立常态化的公共信用信息共享机制，养老服务机构可以依法查询、使用信用信息数据，依托平台网络，尽快推进中央养老服务信用信息与地方养老服务信用信息的互联互通。第二，支持信用中介机构推出养老服务信用产品，政府部门应将养老服务信用作为养老服务市场准入、特许经营、政府采购、资质取得等方面的重要参考指标，积极鼓励相关信用信息机构开发适合养老服务领域的信用产品和服务，为养老服务参与主体提供优质便利的信用服务。第三，建立"激励—惩罚"机制，形成守信奖励、失信严惩的舆论氛围。引入第三方评级机构，对进入养老服务市场的机构开展评级工作，对于信用优良的企业，政府部门应该在购买服务、创办企业、招投标、监管等方面提供优惠政策和便利条件，开设"绿色通道"，为守信养老服务企业高效办理相关的行政手续，而对于信用较差的企业，政府部门应采取限制措施，建立养老服务机构信用"黑名单"，取消失信的养老服务机构在融资、财税、用工用地等方面享受的优惠政策，加强对失信企业的定期监管、专项审查，

对于严重失信的养老服务机构，取消养老服务机构申请相关财政补助，限制养老服务机构参与公共资源交易，向全社会公布管理者及产权所有人信息。第四，建立政府部门、社会组织、行业协会、服务企业等多方参与、协调联动的养老服务市场监管机制，以政府部门为主体，充分发挥社会组织、行业协会、服务企业的作用，协助相关部门开展监测、预警和审核相关市场主体信用信息，完善过程监管、结果评估的工作模式，进一步提高政府部门运行效率。第五，加强宣传和引导，打造诚信养老服务品牌，广泛利用新闻媒体、门户网站、社交平台等媒介宣传养老服务业诚信建设，开展诚信建设主题宣传活动，树立养老服务业诚信典范，曝光严重失信行为，弘扬诚信文化，凝聚社会共识，营造"守信者处处畅通，失信者寸步难行"的社会氛围。

参 考 文 献

[1] [美] E.S. 萨瓦斯：《民营化与公私部门的伙伴关系》，周志忍译，中国人民大学出版社 2002 年版。

[2] [美] R. 爱德华·弗里曼：《战略管理：利益相关者方法》，王彦华、梁豪译，上海译文出版社 2006 年版。

[3] 包国宪、刘红芹：《政府购买居家养老服务的绩效评价研究》，载《广东社会科学》2012 年第 2 期。

[4] 常敏、朱明芬：《政府购买公共服务的机制比较及其优化研究——以长三角城市居家养老服务为例》，载《上海行政学院学报》2013 年第 14 期。

[5] 陈共：《财政学对象的重新思考》，载《财政研究》2015 年第 4 期。

[6] 陈共：《中国公共经济研究的一本新著》，载《财政研究》2002 年第 5 期。

[7] 陈泓任、李其原：《社区居家养老服务站绩效评估研究——以 A 市为研究个案》，载《四川理工学院学报（社会科学版）》2015 年第 1 期。

[8] 陈伟：《地方政府购买服务中的双重制度逻辑研究》，吉林大学出版社 2016 年版。

[9] 储亚萍、何云飞：《政府购买居家养老服务绩效的影响因素研究》，载《云南民族大学学报（哲学社会科学版）》2018 年第 4 期。

[10] 丁煜、杨雅真：《福利多元主义视角的社区居家养老问题研究——以 XM 市 XG 街道为例》，载《公共管理与政策评论》2015 年第 1 期。

[11] [美] 菲利普·科特勒、南希·李：《公共服务：提升绩效之路》，王永贵译，电子工业出版社 2015 年版。

[12] [美] 菲利普·库珀：《合同制治理——公共管理者面临的挑战与机遇》，竺乾威等译，复旦大学出版社 2007 年版。

[13] 伏威：《政府与公益性社会组织合作供给城市养老服务研究》，吉林大学出版社 2014 年版。

[14] 苟欢：《多中心治理视野下公共服务供给机制的改善——以 N 市 J 区

政府购买居家养老服务为例》，载《四川理工学院学报（社会科学版）》2013 年第 28 期。

[15] 侯一麟：《政府职能、事权事责与财权财力：1978 年以来我国财政体制改革中财权事权划分的理论分析》，载《公共行政评论》2009 年第 2 期。

[16] 洪刚：《对西方公共经济理论中国化问题的思考》，载《理论导刊》2011 年第 2 期。

[17] 胡春艳、李蕙娟：《政府购买居家养老服务的问责关系分析及建构——以湖南省为例》，载《中国行政管理》2015 年第 11 期。

[18] 胡宏伟、孔静怡、严晏、王剑雄：《政府购买居家养老服务：模式分析与战略设计——基于比较研究的视角》，载《陕西行政学院学报》2013 年第 27 期。

[19] 胡宏伟、童玉林、郭少云：《我国政府购买社会组织居家养老服务现状、问题与改进路径》，载《广东工业大学学报（社会科学版）》2013 年第 13 期。

[20] 黄佳豪：《地方政府购买居家养老服务评估研究——以合肥为例》，载《理论与改革》2016 年第 2 期。

[21] 黄俊辉、李放：《政府购买服务的逻辑与挑战——南京市鼓楼区居家养老服务网的案例研究》，载《中共南京市委党校学报》2013 年第 1 期。

[22] 吉鹏：《政府购买养老服务绩效评价研究》，南京农业大学出版社 2016 年版。

[23] 吉鹏、李放：《政府购买居家养老服务的绩效评价：实践探索与指标体系建构》，载《理论与改革》2013 年第 3 期。

[24] 贾康、程瑜、于长革：《优化收入分配的认知框架、思路、原则与建议》，载《财贸经济》2018 年第 2 期。

[25] 姜爱华、马海涛：《迈上现代治理新台阶的中国政府采购制度——回顾与展望（上）》，载《中国政府采购》2019 年第 1 期。

[26] 金丽英：《宁波市海曙区城市养老问题及对策研究》，宁波大学博士论文，2013 年。

[27] 句华、腾原：《养老服务领域公私伙伴关系研究综述——兼及事业单位改革与政府购买公共服务的衔接机制》，载《甘肃行政学院学报》2015 年第 3 期。

[28] [美] 莱斯特·M. 萨拉蒙：《政府工具：新治理指南》，肖娜等译，北京大学出版社 2016 年版。

[29] 李惠芬、叶南客：《基于文化场景理论的区域文化消费差异化研究》，载《南京社会科学》2017 年第 9 期。

[30] 李凤琴、陈泉辛：《城市社区居家养老服务模式探索——以南京市鼓楼区政府向"心贴心老年服务中心"购买服务为例》，载《西北人口》2012 年第 1 期。

[31] 李文杰：《政府购买养老服务中的老年人参与问题研究》，华东师范大学出版社 2018 年版。

[32] 李文军：《基于程序逻辑模式的社区居家养老服务绩效评估研究——以上海市为例》，载《广东行政学院学报》2016 年第 4 期。

[33] 李娟：《政府购买家属服务养老的价值困境——对南京市"家属照顾型"养老模式的反思》，载《行政论坛》2016 年第 2 期。

[34] 刘红芹、刘强：《居家养老服务的制度安排与政府角色担当》，载《改革》2012 年第 3 期。

[35] 鲁迎春：《从"福利救济"到"权利保障"：上海养老服务供给中的政府责任研究》，复旦大学出版社 2014 年版。

[36] 马海涛、任强、程岚：《我国中央和地方财力分配的合意性：基于"事权"与"事责"角度的分析》，载《财政研究》2013 年第 4 期。

[37] 马海涛、任强、孙成芳：《改革开放 40 年以来的财税体制改革：回顾与展望》，载《财政研究》2018 年第 12 期。

[38] 马海涛、王晨：《我国政府采购监督问题与建议》，载《财政监督》2017 年第 5 期。

[39] 马海涛、肖鹏：《预算项目支出标准定额体系建设研究——基于成本效益分析视角》，载《经济研究参考》2018 年第 14 期。

[40] 满文萍：《基于平衡计分卡模型的社区居家养老服务的绩效评估研究》，载《安徽行政学院学报》2017 年第 5 期。

[41] 欧纯智、贾康：《政府与社会资本合作对新公共管理范式的超越——基于公共服务供给治理视角的反思》，载《学术界》2018 年第 12 期。

[42] ［澳］欧文·E. 休斯：《公共管理导论（第二版）》，彭和平等译，中国人民大学出版社 2001 年版。

[43] 钱海燕、沈飞：《地方政府购买服务的财政支出效率评价——以合肥市政府购买居家养老服务为例》，载《财政研究》2014 年第 3 期。

[44] 宋英杰、刘俊现、徐鑫：《地方财政支出对农村文化消费的动态影响》，载《消费经济》2017 年第 33 期。

[45] ［英］沙琳等：《需要和权利资格：转型期中国社会政策研究的新视

角》，中国劳动社会保障出版社 2007 年版。

[46] 王东伟：《我国政府购买公共服务问题研究》，经济科学出版社 2015 年版。

[47] 王海英、牟永福：《政府购买居家养老服务的运行困境及破解路径》，载《经济研究参考》2015 年第 40 期。

[48] 王轲：《武汉市政府购买居家养老服务实证研究》，武汉大学出版社 2016 年版。

[49] 王燕平：《政府向社会组织购买居家养老服务现状及对策——以宁波市海曙区为例》，载《当代经济》2016 年第 36 期。

[50] 魏中龙：《政府购买服务的动作与效率评估研究》，武汉理工大学出版社 2011 年版。

[51] 吴春：《政府购买居家养老服务的探索与发展——以济南市历下区为例》，载《城市观察》2014 年第 4 期。

[52] 吴玉霞：《政府购买居家养老服务的政策研究——以宁波市海曙区为例》，载《中共浙江省委党校学报》2007 年第 2 期。

[53] 徐卫周：《政府购买居家养老服务模式优化研究》，甘肃农业大学出版社 2017 年版。

[54] 杨欣：《公共服务合同外包中的政府责任研究》，光明日报出版社 2012 年版。

[55] 叶嵩：《政府购买居家养老服务探析——以北京市海淀区为例》，载《现代经济信息》2013 年第 15 期。

[56] 张栋：《社区居家养老服务机构绩效影响因素实证研究——基于山东省十七地市数据》，载《当代经济》2017 年第 24 期。

[57] 张航空、石郑：《北京市居家养老服务券制度的评述与思考》，载《西南石油大学学报（社会科学版）》2015 年第 2 期。

[58] 张鹏、孙毅：《合同治理理论在政府购买居家养老服务中的运用》，载《管理学刊》2015 年第 28 期。

[59] 张瑞霞、栗原栋、许文博：《政府购买居家养老服务现状分析——基于南京市调查数据》，载《经济研究导刊》2015 年第 18 期。

[60] 章晓懿、梅强：《社区居家养老服务绩效评估指标体系研究》，载《统计与决策》2012 年第 24 期。

[61] 张艳芳：《促进养老服务供求均衡的中国政府购买养老服务政策研

究》，载《西北人口》2016 年第 1 期。

　　［62］张智勇、赵俊、石永强：《养老服务供应链创新模式：绩效评价与优化策略——基于广州荔湾区的调查》，载《商业研究》2013 年第 8 期。

　　［63］钟慧澜、章晓懿：《激励相容与共同创业：养老服务中政府与社会企业合作供给模式研究》，载《上海行政学院学报》2015 年第 5 期。

　　［64］Agrawal, Arun, and Clark C. Gibson. Enchantment and Disenchantment: The Role of Community in Natural Resource Conservation. *World Development*. Vol. 27, No. 4, 1999.

　　［65］Agrawal, Arun, and Jesse Ribot. Accountability in Decentralization: A Framework with South Asian and West African Cases. *The Journal of Developing Areas*. Vol. 33, No. 4, 1999.

　　［66］Aligica, Paul D. , and Vlad Tarko. Polycentricity: From Polanyi to Ostrom, and Beyond. Governance: An International Journal of Policy, *Administration, and Institutions*. Vol. 25, No. 2, 2012.

　　［67］Andersson, Krister P. , and Elinor Ostrom. Analyzing Decentralized Resource Regimes from a Polycentric Perspective. *Policy Sciences*. No. 41, 2008.

　　［68］Andrea Petriwskyj, Alexandra Gibson, Glenys Webby. Staff Members' Negotiation of Power in Client Engagement: Analysis of Practice within an Australian Aged Care Service. *Journal of Aging Studies*. No. 2, 2015.

　　［69］Berkes, Fikret. From Community – Based Resource Management to Complex Systems: The Scale Issue and Marine Commons. *Ecology and Society*. Vol. 11, No. 1, 2006.

　　［70］Berkes, Fikret. Devolution of Environment and Resources Governance: Trends and Future. *Environmental Conservation*. Vol. 37, No. 4, 2010.

　　［71］Bettina Meinow, Marti G. Parker, Mats Thorslund. Consumers of Eldercare in Sweden: The Semblance of Choice. *Social Science & Medicine* . No. 9, 2011.

　　［72］Bixler, R. Patrick. From Community Forest Management to Polycentric Governance: Assessing Evidence from the Bottom Up. *Society & Natural Resources: An International Journal*. Vol. 27, No. 2, 2014.

　　［73］Bixler, R. Patrick, Dara M. Wald, Laura A. Ogden, Kirsten M. Leong, Erik W. Johnston, and Michele Romolini. Network Governance for Large – Scale Natural Resource Conservation and the Challenge of Capture. *Frontiers in Ecology and the Envi-*

ronment. Vol. 14, No. 3, 2016.

［74］Blomquist, William, and Edella Schlager. Political Pitfalls of Integrated Watershed Management. *Society and Natural Resources.* No. 18, 2005.

［75］Boyne, G. A. (2003). What is public service improvement? Public administration, 81 (2), 211 – 227.

［76］Brie, Michael. Towards a Plural and Polycentric World of Self – Organising Actors—Elinor Ostrom's Research Programme. *International Critical Thought.* Vol. 4, No. 2, 2014.

［77］Brodaty, H., & Cumming, A. (2010). Dementia services in Australia. International Journal of Geriatric Psychiatry, 25 (9), 887 – 995.

［78］Christopher Pollitt. Clarifying Convergence. Striking Similarities and Durable Differences in Public Management Reform. *Public Management Review.* No. 4, 2001.

［79］Crona, Beatrice I., and John N. Parker. Learning in Support of Governance: Theories, Methods, and a Framework to Assess How Bridging Organizations Contribute to Adaptive Resource Governance. *Ecology and Society.* Vol. 17, No. 1, 2012.

［80］Da Silveira, André R., and Keith S. Richards. The Link Between Polycentrism and Adaptive Capacity in River Basin Governance Systems: Insights from the River Rhine and the Zhujiang (Pearl River) Basin. *Annals of the Association of American Geographers.* Vol. 103, No. 2, 2013.

［81］Dietz, Thomas, Elinor Ostrom, and Paul C. Stern. The Struggle to Govern the Commons. *Science.* No. 232, 2003.

［82］Eitan Adres, Dana R. Vashdi, Yair Zalmanovitch. Globalization and the Retreat of Citizen Participation in Collective Action: A Challenge for Public Administration. *Public Admin Rev.* No. 1, 2016.

［83］Elisabetta Iossa, David Martimort. Risk Allocation and the Costs and Benefits of Public-private Partnerships. *The RAND Journal of Economics.* No. 3, 2012.

［84］Epstein, Graham, Jeremy Pittman, Steven M. Alexander, Samantha Berdej, Thomas Dyck, Ursula Kreitmair, Kaitlyn J. Rathwell, Sergio Villamayor – Tomas, Jessica Vogt, and Derek Armitage. Institutional Fit and the Sustainability of Social – Ecological Systems. *Current Opinion in Environmental Sustainability.*, No. 14, 2015.

［85］Folke, Carl, Thomas Hahn, Per Olsson, and Jon Norberg. Adaptive Governance of Social – Ecological Systems. *Annual Review of Environmental Resources.* No. 30, 2005.

[86] Folke, Carl, Lowell Pritchard, Jr., Fikret Berkes, Johan Colding, and Uno Svedin. The Problem of Fit between Ecosystems and Institutions: Ten Years Later. *Ecology and Society.* Vol. 12, No. 1, 2007.

[87] Galaz, Victor, Beatrice Crona, Henrik sterblom, and Carl Folke. Polycentric Systems and Interacting Planetary Boundaries – Emerging Governance of Climate Change – Ocean Acidification – Marine Biodiversity. *Ecological Economics.* No. 81, 2011.

[88] Geoffrey Brennan, Michael Brooks. Esteem-based contributions and optimality in public goods supply. *Public Choice.* No. 3, 2007.

[89] Gelcich, Stefan. Towards Polycentric Governance of Small – Scale Fisheries: Insights from "the New Management Plans" Policy in Chile. *Aquatic Conservation: Marine and Freshwater Ecosystems.* Vol. 24, 2014.

[90] Gruby, Rebecca L., and Xavier Basurto. Multi – Level Governance for Large Marine Commons: Politics and Polycentricity in Palau's Protected Area Network. *Environmental Science & Policy.* No. 33, 2013.

[91] Heikkila, Tanya, Edella Schlager, and Mark W. Davis. The Role of Cross – Scale Institutional Linkages in Common Pool Resource Management: Assessing Interstate River Compacts. *Policy Studies Journal.* Vol. 39, No. 1, 2011.

[92] Huitema, Dave, Erik Mostert, Wouter Egas, Sabine Moellenkamp, Claudia Pahl – Wostl, and Resul Yalcin. Adaptive Water Governance: Assessing the Institutional Prescriptions of Adaptive (Co –) Management from a Governance Perspective and Defining a Research Agenda. *Ecology and Society.* Vol. 14, No. 1, 2009.

[93] Imperial, Mark T. Institutional Analysis and Ecosystem – Based Management: The Institutional Analysis and Development Framework. *Environmental Management.* Vol. 24, No. 4, 1999.

[94] Jackson, Peter M. "Public Service Performance Evaluation: A Strategic Perspective. " Public money & management 13. 4 (1993): 9 – 14.

[95] Jon Engström, Mattias Elg. A Self-determination Theory Perspective on Customer Participation in Service Development. *Journal of Services Marketing.* No. 6/7, 2015.

［96］ Judy A. Siguaw, Jule B. Gassenheimer, Gary L. Hunter. Consumer Co-crea-
tion and the Impact on Intermediaries. *International Journal of Physical Distribution &
Logistics Management* . No. 1, 2014.

［97］ Karina T. Liljedal. Communicated Consumer Co-creation. Consumer Response to
Consumer Co-creation in New Product and Service Development. *Stockholm School of Eco-
nomics*, 2016.

［98］ Komakech, Hans C. , and Pieter van der Zaag. Polycentrism and Pitfalls:
The Formation of Water Users Forums in the Kikuletwa Catchment, Tanzania. *Water
International.* Vol. 38, No. 3, 2013.

［99］ Lebel, Louis, John M. Anderies, Bruce Campbell, Carl Folke, Steve
Hatfield – Dodds, Terry P. Hughes, and James Wilson. Governance and the Capacity to
Manage Resilience in Regional Social – Ecological Systems. *Ecology and Society.*
Vol. 11, No. 1, 2006.

［100］ Leong K. M. Housing Finance for the Ageing Singapore Population: The
Potential of the Home Equity Conversion Scheme. Habitat International, 1996, 20
(1): 109 – 120.

［101］ Lieberman, Evan S. The Perils of Polycentric Governance of Infectious Dis-
ease in South Africa. *Social Science & Medicine.* No. 73, 2011.

［102］ Lisette Schipper, Katrien G. Luijkx, Bert R. Meijboom, René Schalk,
Jos M. G. A. Schols. Access to long-term care: perceptions and experiences of older
Dutch people. *Quality in Ageing and Older Adults* . No. 2, 2015.

［103］ Low, Bobbi, Elinor Ostrom, Carl Simon, and James Wilson. *Redundan-
cy and Diversity: Do They Influence Optimal Management?* . In Navigating Social –
Ecological Systems: Building Resilience for Complexity and Change, ed. Fikret
Berkes, Johan Colding, and Carl Folke. Cambridge, UK: Cambridge University
Press, 2003.

［104］ Malcolm P. Cutchin. The process of mediated aging-in-place: a theoretical-
ly and empirically based model. *Social Science & Medicine.* No. 6, 2003.

［105］ Marshall, Graham R. *Economics for Collaborative Environmental Manage-
ment: Renegotiating the Commons.* London, UK: Earthscan. 2005.

［106］ Marshall, Graham R. Nesting, Subsidiarity, and Community – Based
Environmental Governance Beyond the Local Level. *International Journal of the Commons.*

Vol. 2, No. 1, 2008.

[107] Marshall, Graham R. Polycentricity, Reciprocity, and Farmer Adoption of Conservation Practices under Community – Based Governance. *Ecological Economics.* Vol. 68, 2006.

[108] McCay, Bonnie J. *Emergence of Institutions for the Commons.* In The Drama of the Commons, ed. Elinor Ostrom, Thomas Dietz, Nives Dolak, Paul C. Stern, Susan Stonich, and Elke U. Weber. Washington, DC: National Academy Press, 2002.

[109] McGinnis, Michael D. Introduction. *In Polycentricity and Local Public Economies: Readings from the Workshop in Political Theory and Policy Analysis*, ed. Michael D. McGinnis. Ann Arbor, MI: The University of Michigan Press, 1999.

[110] McGinnis, Michael D. , and Elinor Ostrom. Reflections on Vincent Ostrom, Public Administration, and Polycentricity. *Public Administration Review.* Vol. 72, No. 1, 2011.

[111] Mitchell O. S. , Piggott J. , Shimizutani S. An Empirical Analysis of Patterns in the Japanese Long-term Care Insurance System. The Geneva Papers on Risk and Insurance-Issues and Practice, 2008, 33 (4).

[112] Monagan, J. S. Book Review: William Howard Taft: In the Public Service, by John S. Monagan, 1986.

[113] Neil Hanlon, Mark W. Skinner, Alun E. Joseph, Laura Ryser, Greg Halseth. Place Integration Through Efforts to Support Healthy Aging in Resource Frontier Communities: The Role of Voluntary Sector Leadership. *Health and Place.* 2014.

[114] Nelson, Rohan, Mark Howden, and Mark S. Smith. Using Adaptive Governance to Rethink the Way Science Supports Australian Drought Policy. *Environmental Science & Policy.* Vol. 11, No. 7, 2008.

[115] Newig, Jens, and Oliver Fritsch. Environmental Governance: Participatory, Multi – Level—and Effective? *Environmental Policy and Governance.* No. 19, 2009.

[116] Olshansky S. J. , Carnes B. A. , Désesquelles A. Prospects for Human Longevity. *Science*, Vol. 291, No. 5508, 2001.

[117] Olsson, Per, Carl Folke, and Fikret Berkes. Adaptive Comanagement for Building Resilience in Social – Ecological Systems. *Environmental Management.* Vol. 34,

No. 1, 2004.

[118] Osawa M. Government Approaches to Gender Equality in the Mid – 1990s [J]. Social Science Japan Journal, 2000, 3 (1).

[119] Ostrom, Elinor. Coping with Tragedies of the Commons. *Annual Review of Political Science.* No. 2, 1999.

[120] Ostrom, Elinor. The Challenge of Common Pool Resources. *Environment.* Vol. 50, No. 4, 2008.

[121] Ouschan R., Sweeney J., Johnson L. Customer empowerment and relationship outcomes in healthcare consultations. *European Journal of Marketing*, Vol. 40, No. 9/10, 2006.

[122] Pearson A., Tadisina S., Griffin C. *The Role of E – Service Quality and Information Quality in Creating Perceived Value*: *Antecedents to Web Site Loyalty.* Taylor & Francis, Inc. 2012.

[123] Pratt, J. Creating a Binary Policy in Austria. Higher Education Quarterly, 1993, 47 (2).

[124] Ramona McNeal, Kathleen Hale, Lisa Dotterweich. Citizen – Government Interaction and the Internet: Expectations and Accomplishments in Contact, Quality, and Trust. *Journal of Information Technology&Politics.* No. 2, 2008.

[125] Richard C. Box, Gary S. Marshall, B. J. Reed, Christine M. Reed. New Public Management and Substantive Democracy. *Public Administration Review.* No. 5, 2002.

[126] Robertson J. M., Bowes A., Gibson G. et al. Spotlight on Scotland: Assets and Opportunities for Aging Research in a Shifting Sociopolitical Landscape [J]. The Gerontologist, 2016, 56 (6).

[127] Robin Means. Safe as Houses? Ageing in Place and Vulnerable Older People in the UK. *Social Policy & Administration.* No. 1, 2007.

[128] Robyn Ouschan, Jillian Sweeney, Lester Johnson. Customer Empowerment and Relationship Outcomes in Healthcare Consultations. *European Journal of Marketing.* No. 9, 2006.

[129] Sarah Dodds, Sandy Bulmer, Andrew Murphy. Consumer Value in Complementary and Alternative Medicine (CAM) Health Care Services. *Australasian Marketing Journal (AMJ)*. No. 3, 2014.

　　[130] Scott B. Button, John E. Mathieu, Kathryn J. Aikin. An Examination of the Relative Impact of Assigned Goals and Self-efficacy on Personal Goals and Performance Over Time. *Journal of Applied Social Psychology*. No. 12, 2006.

　　[131] Severns S. R.. How Middle'class Elders Plan Their Estates: An Elder-law Attorney's Perspective [J]. Generations: Journal of the American Society on Aging, 1996, 20 (3).

　　[132] Shahriar Akter, John D'Ambra, Pradeep Ray. Development and Validation of an Instrument to Measure User Perceived Service Quality of Health. *Information & Management*. No. 4, 2013.

　　[133] Sherry D. Time Management Strategies for the Home Care Nurse [J]. Home Healthcare Now, 2002, 20 (5).

　　[134] Shruti Saxena. *Consumer Participation and Perceived Service Quality in Extended Service Delivery and Consumption*. Arizona State University, 2011.

　　[135] Sindakis, Stavros. *Corporate Venturing and Customer Driven Innovation in the Mental Health Care Market: The Case of the Euromedica Group*. University of Portsmouth, 2014.

　　[136] Skinner B F. The Evolution of Behavior [J]. Journal of the experimental analysis of behavior, 1984, 41 (2).

　　[137] Sohn H. Racial and Ethnic Disparities in Health Insurance Coverage: Dynamics of Gaining and Losing Coverage over the Life-course [J]. Population Research and Policy Review, 2017, 36 (2).

　　[138] Stein, Judith. The World of Marcus Garvey: Race and Class in Modern Society. LSU Press, 1991.

　　[139] Suyong Song, Susanne M. Schennach, Halbert White. Estimating Nonseparable Models with Mismeasured Endogenous Variables. *Quantitative Economics*. No. 3, 2015.

　　[140] Tahir M. Nisar. Implementation Constraints in Social Enterprise and Community Public Private Partnerships. *International Journal of Project Management*. No. 8, 2012.

　　[141] Thang V. Nguyen, Canh Q. Le, Bich T. Tran, Scott E. Bryant. Citizen Participation in City Governance: Experiences from Vietnam. *Public Admin. Dev*. No. 1, 2015.

［142］Tim Schwanen, David Banister, Ann Bowling. Independence and Mobility in Later Life. *Geoforum*. No. 6, 2012.

［143］Timothy Besley, Maitreesh Ghatak. Incentives, Choice, and Accountability in the Provision of Public Services. *Oxford Review of Economic Policy*. 2003.

［144］Trottier T. , Van Wart M. & Wang X. Examining the Nature and Significance of Leadership in Government Organizations. Public administration review, 2008, 68 (2).

［145］Van Dinh, Lee Pickler. Examining Service Quality and Customer Satisfaction in the Retail Banking Sector in Vietnam. *Journal of Relationship Marketing* . No. 4, 2012.

［146］Wolfgang Buchholz, Richard Cornes, Dirk Rübbelke. Matching as a cure for underprovision of voluntary public good supply. *Economics Letters* . No. 3, 2012.

［147］Yi Y, Gong T. Customer Value Co-creation Behavior: Scale Development and Validation. *Journal of Business Research*, Vol. 66, No. 9, 2013.

［148］Youjae Yi, Taeshik Gong. Customer Value Co-creation Behavior: Scale Development and Validation. *Journal of Business Research*. No. 9, 2013.

［149］Ostrom, Elinor. The Danger of Self-evident Truths. *Political Science and Politics* Vol. 33, No. 1, 2000.

致　　谢

六载春秋，转眼已逝。在这繁华烂漫的初夏，我的书稿终于可以画上句号。回想博士研究生六年的日日夜夜，感慨万千，一路走来，其间遇到各种辛苦与困难，也收获许多知识和阅历，真正体会到"学海无涯苦作舟"的深刻内涵，也真切体验到"不经一番寒彻骨，怎得梅花扑鼻香"的人生真谛。

博士论文的完成绝非我一人之功，在此需要感谢的人实在太多太多。衷心感谢我的导师曹富国教授，博士论文《我国政府购买居家养老服务问题研究》从选题、提纲的拟定、正式的写作、反复的修改直至最后的定稿都离不开导师的精心指导。论文在很多方面都未能达到导师的期待，我会带着这些遗憾，在未来努力治学，以求弥补不及。感谢恩师马海涛教授在学术上对自己的影响和扶持，恩师扎实稳固的理论功底和高屋建瓴的学术立意令我深深折服，从选题到定稿，马老师百忙之中都给予我悉心的指导，使我能够顺利完成学业。感谢师母在生活上给予自己的关爱和鼓励，教会我恬淡处世，宽以待人。

感谢在我求学期间关心和帮助过我的老师和同窗。清华大学于安教授，中国科学院大学孟春教授，中央财经大学孙宝文教授、姜爱华教授、白彦锋教授、任强教授等，对我的书稿进行了悉心的指导；中央财经大学王鼎老师、李严波老师在学习和生活上给予我很大的关照；感谢中央财经大学冷哲、黄佳民、张兴隆、甄德云、赵晓越、苏娜、孙懿、黄江玉、千九玲、赵宇、闫然、王聪、乔燕君、彭羽、师玉朋等同学，是他们陪伴我度过博士研究生学习这段美好难忘的时光。

感谢父母的培育和期待，在我的求学生涯中，给予了我最无私的关爱、支持和鼓励，免去了我读博期间的后顾之忧。感谢我的妹妹、妹夫对我始终如一的鼓励和帮助。感谢我的爱人郭俊杰，让我做喜欢的事，并陪伴我走过博士在读的六个春秋，你的宽容和理解，让我心存感动，你的支持和付出，让我充满勇气和动力。感谢我可爱的女儿依依和沐洋，但愿你们长大了能体谅妈妈因焦躁对你们的苛求责备，但愿能原谅妈妈因疲倦而生的怠惰，感谢你们天使般的陪伴和纯真的慰藉，带给我无可替代的欢乐。

　　我从没有对自己有过高的要求和期待。一切事，尽人力，听天命。感谢所有关怀我的人，是你们的信心与善意让我坚定地走到今天，并一直走下去！

徐先梅

2021 年 5 月于中央财经大学